Alfred Messel und sein
Darmstädter Landesmuseum
Geschichte und Architektur

Theo Jülich

Alfred Messel und sein Darmstädter Landesmuseum

Geschichte und Architektur

SCHNELL + STEINER

Abbildung der vorderen Umschlagseite: Alfred Messel, Großherzogliches Museum Darmstadt, Ausführungsprojekt ab 1896, Inv. Nr. 13431, Architekturmuseum, TU Berlin

Bibliografische Information der Deutschen Nationalbibliothek:
Die Deutsche Nationalbibliothek verzeichnet diese Publikation
in der Deutschen Nationalbibliografie; detaillierte bibliografische
Daten sind im Internet über http://dnb.dnb.de abrufbar.

1. Auflage 2014
© 2014 Verlag Schnell & Steiner GmbH, Leibnizstr. 13, D-93055 Regensburg
Lektorat: Lutz Fichtner, Elisabet Petersen
Aktuelle Fotoaufnahmen: Wolfgang Fuhrmannek, HLMD
Umschlaggestaltung: BOROS, www.boros.de
Satz: typegerecht, Berlin
Druck: Erhardi Druck GmbH, Regensburg
ISBN 978-3-7954-2897-6

Weitere Informationen zum Verlagsprogramm erhalten Sie unter:
www.schnell-und-steiner.de

Inhalt

Vorwort

Das Hessische Landesmuseum Darmstadt gehört zu den kulturellen Leuchttürmen des Bundeslandes Hessen. In seiner über zweihundertjährigen Geschichte sind hier eine Vielzahl von international bedeutenden Sammlungen aus den unterschiedlichsten Sparten zusammengekommen und immer noch unter einem Dach vereint. Die in Europa fast einzigartige Breite der angesprochenen Themen fasziniert zahlreiche Besucher aus nah und fern. Bereits seit 1820 ist das Museum in staatlicher Obhut. Heute sorgt das Land Hessen für den Erhalt, die Pflege, die Erweiterung und Vermittlung der Sammlungen als Teil des Historischen Erbes Hessen im Hessischen Ministerium für Wissenschaft und Kunst. Dazu gehört nicht nur die Fürsorge für die ererbten Schätze des Museums, sondern auch die Instandhaltung des Gebäudes, das sie birgt.

Noch in großherzoglicher Zeit wurde in Darmstadt zwischen 1897 und 1906 eines der damals schönsten Museen in Deutschland errichtet, ein würdiger Rahmen für die in ihm ausgestellten Objekte. Der Architekt Alfred Messel (1853–1909), der später Architekt der Berliner Museumsinsel wurde, passte seinen monumentalen Bau im Äußern perfekt der umgebenden älteren Architektur an und entwickelte im Innern für jede Sammlung eine eigene passende Architektursprache. Das Gebäude wurde bei dem verheerenden Bombenangriff auf Darmstadt 1944 schwer beschädigt und in den fünfziger Jahren nur mit unzureichenden Materialien wieder aufgebaut. In den Folgejahren veränderten Einbauten im Innern die ursprüngliche Museumsarchitektur gravierend. Auch die technische Ausstattung, Klima, Brandschutz, Serviceeinrichtungen und Sicherheit hinkten in immer größerem Maße den erforderlichen Standards hinterher. Um diesen über Jahrzehnte gewachsenen Sanierungsstau zu beseitigen, der auch an den anderen Landesmuseen und den Staatstheatern aufgelaufen war, initiierte die Hessische Landesregierung ein umfangreiches Kulturinvestitionsprogramm (2001–2008), in dessen Rahmen auch die überfällige Sanierung des Hessischen Landesmuseums Darmstadt in Angriff genommen werden konnte. Von 2007 bis 2014 wurden die schwierigen und baulich aufwändigen Arbeiten am Museum durchgeführt. Heute präsentiert sich das Haus auf der Höhe der modernen technischen Erfordernisse, die Bausubstanz ist von den Fundamenten bis zu den Dächern grundsaniert und gleichzeitig ist viel von der ursprünglichen Architektur Alfred Messels wieder sichtbar und erlebbar geworden. Hessen hat damit nicht nur ein bedeutendes Museum, sondern auch ein außerordentliches Baudenkmal wiedergewonnen.

Dieses Buch schildert die Geschichte der Entstehung des Museumsgebäudes und sein weiteres Schicksal bis zum heutigen Tag. Es richtet sich als Führer durch die Räume an die Besucher des Museums und darüber hinaus an alle, die an der Geschichte der Architektur interessiert sind. Ihnen allen wünsche ich spannende Lektüre, vor allem aber auch einen faszinierenden Rundgang durch die wiedererstandenen Räume bei einem Besuch.

Boris Rhein
Hessischer Minister für Wissenschaft und Kunst

Vorwort

Das ehrwürdige Hessische Landesmuseum Darmstadt wurde in den Jahren 2007 bis 2014 einer grundhaften Sanierung unterzogen. Obgleich das Ziel dieser Maßnahme zunächst die Instandsetzung der Bausubstanz und die Erneuerung der technischen Anlagen war, musste berücksichtigt werden, dass das Gebäude des Landesmuseums als einziger fast unverändert erhaltener Großbau des bedeutenden deutschen Architekten Alfred Messel auch ein wichtiges Baudenkmal darstellt. Dieses Gebäude dient heute noch demselben Zweck wie zur Zeit seiner Erbauung, es ist ein öffentliches Museum. Allein die Anforderungen, die mit einer solchen Nutzung verbunden sind, haben sich in den letzten hundert Jahren grundlegend gewandelt. Brandschutz und Sicherheit für Besucher wie für Objekte, Barrierefreiheit und Serviceeinrichtungen sowie der Umgang mit Licht, Klima und Energieeffizienz spielen in einem modernen Museum eine große Rolle. Die Aufgabe bestand darin, all diesen technischen Herausforderungen gerecht zu werden und gleichzeitig den Meisterbau Alfred Messels wieder deutlicher erfahrbar zu machen. Die Sammlungen sollten neu und übersichtlicher geordnet und in modernerer, attraktiverer Form dem Publikum präsentiert werden.

Um all dies gleichzeitig zu erreichen, war einerseits eine intensive Zusammenarbeit zwischen Architekten, Innengestaltern, Ingenieuren, Baumanagern, Handwerkern, der Denkmalpflege und dem Team des Landesmuseums erforderlich. Allen Beteiligten an dieser nicht immer einfachen Aufgabe sei an dieser Stelle herzlich gedankt ebenso wie der Hessischen Landesregierung und zahlreichen Sponsoren, die die Realisierung des Projektes ermöglichten. Andererseits war es sowohl für den baulichen Umgang mit der Architektur als auch für die Konzeption der Nutzung unabdingbar, die Prinzipien des Gebäudes Alfred Messels zu verstehen und zu analysieren. Erst mit diesem Wissen war es möglich, Messels Architektur an manchen Stellen wieder herzustellen und in seinem Sinne die heute notwendigen technischen und baulichen Veränderungen einzufügen. Die Ergebnisse der Forschung zur Geschichte des Landesmuseums von Alfred Messel können in dieser Publikation, die zur Wiedereröffnung des Museums erscheint, einem breiteren Publikum zugänglich gemacht werden. Dafür danke ich dem Verlag Schnell & Steiner in Regensburg und seinem Inhaber Herrn Dr. Albrecht Weiland.

Dr. Theo Jülich
Direktor des Hessischen Landesmuseums Darmstadt

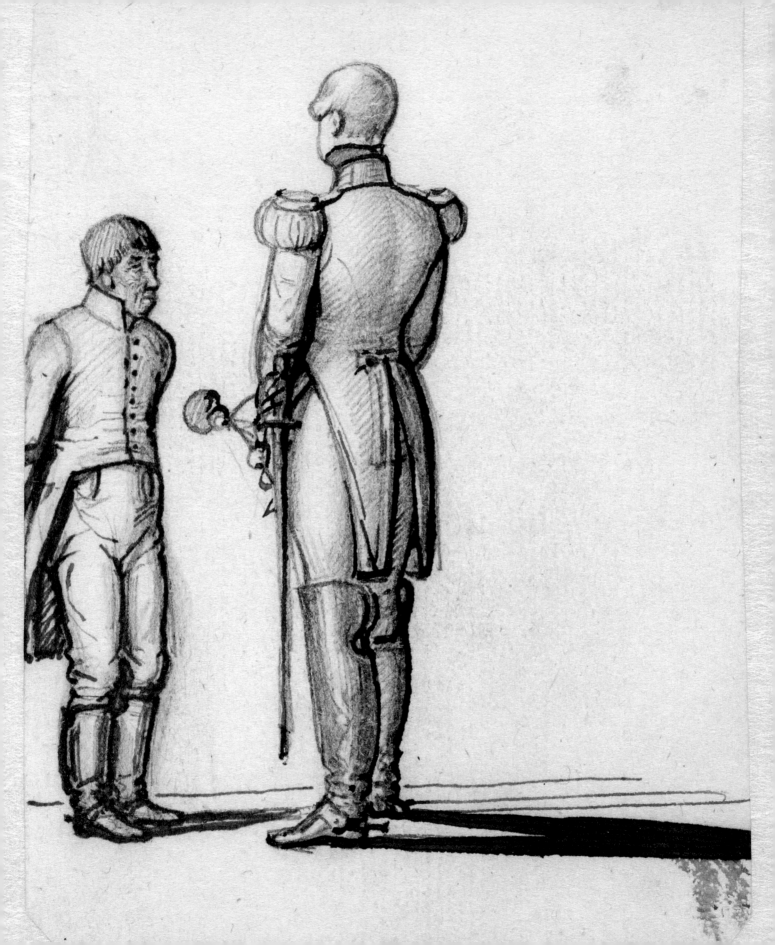

Die Entstehung der Darmstädter Sammlungen

◄ 1 Wilhelm von Harnier, Ernst Christian Schleiermacher vor Großherzog Ludewig I., 1829, HLMD Inv. Nr. HZ 7659

Der Ursprung des Darmstädter Museums ist eng mit der Person des späteren Landgrafen Ludwig X. von Hessen-Darmstadt (1753–1830), der später als erster Großherzog Ludewig I. von Hessen und bei Rhein regierte, verbunden. Als Erbprinz, unter dem Einfluss seiner Mutter aufgewachsen, der literaturbegeisterten und mit dem gelehrten Europa eng vernetzten »großen« Landgräfin Karoline, studierte er in Leiden in den Niederlanden. Reisen nach London, Paris, Berlin und St. Petersburg brachten ihn mit den führenden Ideen der Aufklärung in Kontakt. Als er sich 1777 in Darmstadt niederließ, plante er zahlreiche Reformen der Landgrafschaft und Veränderungen in der Hauptstadt. Entsprechend der pädagogischen Ausrichtung der Spätaufklärung gehörte dazu auch die Errichtung eines öffentlichen Museums. Neben fürstlicher Repräsentation stand dabei die Vorstellung, dass Bildung durch Anschauung sich fördernd auf die wirtschaftliche Entwicklung des Territoriums auswirke, im Vordergrund. Das dazu erforderliche Wissen umfasste nach der Anschauung der damaligen Zeit die Bereiche Kunst, Antike, Natur und Technik, wie der Prinz auf seinen Reisen gelernt haben dürfte. Und so allumfassend wie die dadurch definierten Bereiche sollte sich auch die Sammeltätigkeit für sein Museum entfalten.[1]

Anders als seine politischen Reformen konnte er sein Museumsprojekt bereits als Erbprinz angehen, wobei zunächst die Erwerbungen durch die beschränkten finanziellen Mittel bescheiden ausfielen. 1779 trat Ernst Christian Schleiermacher (1755–1844)[2] als Kabinettssekretär an die Seite des Erbprinzen und beförderte mit ganzer Kraft den Aufbau des Museums, dessen erster Direktor er später wurde (Abb. 1). Mit dem Regierungsantritt als Landgraf Ludwig X. im Jahr 1790 vergrößerten sich sowohl die finanziellen Mittel zum Aufbau der Sammlung als auch die aus den alten landgräflichen Beständen ererbte Basis. Etliche Gemälde konnten nun dem Museum zugewiesen, die bereits vorhandene Sammlung physikalischer Geräte durch die Einstellung von Hofmechanikern sukzessive ausgebaut werden. Es folgten Erwerbungen für das Naturalienkabinett, so 1792 der Kauf der kompletten Sammlung des Hofrats Johann Heinrich Merck, und der weitere Ausbau der Antikensammlung durch den Kauf von verkleinerten Kopien antiker Statuen. Konsequent wurde das Wachstum der Graphischen Sammlung gefördert, auch mit größeren Erwerbungen, wie dem kompletten druckgraphischen Werk Dürers und Rembrandts 1802 von der Kunsthandlung Artaria in Mannheim, während die Erwerbung von Gemälden zunächst noch keine große Rolle spielte. Im ersten Jahrzehnt der Regierung Ludwigs stand die

1 Vgl. zur Frühzeit des Darmstädter Museums: Heidrun Ludwig: Die Großherzoglich Hessischen Museumsgründungen in Darmstadt, in: KHM NF 5 (2010), S. 9–70. Dies.: Die Gemäldegalerie im Hessischen Landesmuseum Darmstadt, in: Dialoge – Barocke Meisterwerke aus Darmstadt zu Gast in Kassel, Ausstellungskatalog (Kassel 2011), S. 24–35.
2 Stadtlexikon Darmstadt, Stuttgart 2006, S. 784–785 (Theo Jülich).

intendierte Funktion des Museums als Bildungs- und Anschauungsinstitut noch klar im Vordergrund, für das Graphik und Kopien der Antike durchaus genügten und Naturalien und technische Geräte keinen entscheidenden Kostenfaktor darstellten.

Mit der Wende zum 19. Jahrhundert trat jedoch ein anderer Aspekt in den Vordergrund. Einhergehend mit einer Erholung der Staatsfinanzen und dem zunehmenden Engagement Schleiermachers für das Museum gewann der Wunsch, ein repräsentatives Museum mit bedeutenden Ausstellungsobjekten in Darmstadt zu realisieren, an Bedeutung. Große Namen, wertvolle Objekte und seltene Stücke sollten den Ruhm des Fürsten, der Hauptstadt und des Landes mehren. Charakteristisch für diesen Wandel ist die Haltung Darmstadts bei der Übernahme der Sammlung Hüpsch im Jahr 1805.

Guillaume Adolphe Fiacre Honvlez, Baron von Hüpsch (1730–1805), war ein Kölner Naturforscher und Gelehrter, der ganz in der Tradition der Aufklärung eine umfangreiche Sammlung »aller Merkwürdigkeiten aller Zeiten und Länder« aufgebaut hatte (Abb. 2). Als er 1805 starb, stellte sich heraus, dass er den Landgrafen von Hessen-Darmstadt als Erben eingesetzt hatte. Die Bevollmächtigten des Landgrafen, die in Köln die Sammlung begutachten sollten, meldeten nach Darmstadt, es sei neben viel Unbrauchbarem auch manches in dem Kabinett, was das Darmstädter Museum wohl schmücken könnte. Folgerichtig wurden die besten Sachen ausgewählt und nach Darmstadt verschifft, dabei wurde die der Bildung verpflichtete Ordnung des Kabinetts zerstört, der Rest verschenkt oder vernichtet. Das, was zum höheren Ruhme Darmstadts jedoch ausgewählt wurde, füllte immerhin noch 341 große Kisten und Verschläge, über 460 Gemälde und 100 mittelalterliche Schatzstücke waren darunter, und in allen Bereichen katapultierte das Legat des Barons das Museum aus der Entstehungsphase in eine bedeutende Sammlung.[3]

Systematisch nutzte man nun jede günstige Gelegenheit zur Erweiterung der Sammlung, teils über eigens beschäftigte Agenten, teils durch den Fürsten und Schleiermacher direkt. Bevorzugt wurden ganze Sammlungen oder Konvolute erworben. 1807 wurden die mittelalterlichen Glasfenster aus Wimpfen am Neckar in das Museum übernommen. Dies zeigt eine neue zusätzliche Funktion des Museums. Der seit 1806 zum Großherzog erhobene und nun als Ludewig I. auftretende Fürst sah sein Museum auch als ein Auffangbecken für historisch und »national« bedeutende Kulturgüter seines Territoriums an, die es zentral zu sammeln und damit zu schützen galt. Dieser Anspruch wurde nach 1816 auf das dem Großherzogtum im Wiener Kongress zugeschlagene Rheinhessen mit Mainz und Worms ausgedehnt. Mit diesen Territorien war auch die wirtschaftliche Konsolidierung des Landes verbunden, so dass das zum Zentralmuseum eines nicht unbedeutenden deutschen Flächenstaates gewordene Darmstädter Museum unter der Regierung Ludewigs I. weiter rasch und kontinuierlich wachsen konnte.

Die Sammlungen waren seit den siebziger Jahren des 18. Jahrhunderts zunächst in einem Teil des Renaissanceschlosses im Zentrum Darmstadts

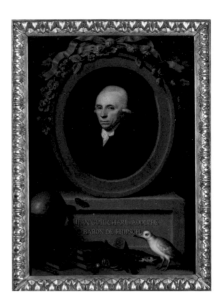

2 Caspar Benedikt Beckenkamp, Porträt Baron von Hüpsch, 1789, HLMD Inv. Nr. GK 383

3 Vgl. Theo Jülich: Jean Guillaume Adolph Fiacre Honvlez – alias Baron von Hüpsch. In: Lust und Verlust – Kölner Sammler zwischen Trikolore und Preußenadler. Katalog der Ausstellung (Köln 1995/6), S. 45–56.

3 Ernst Sigismund Pergler von Perglas, Das Darmstädter Residenzschloss von Nordosten, 1818, HLMD Inv. Nr. HZ 3126

4 Philipp A. F. Walther: Die Sammlungen von Gegenständen des Altertums, der Kunst, der Völkerkunde und von Waffen im Großherzoglichen Museum zu Darmstadt (Darmstadt 1844).

5 August Schleiermacher: Das Großherzogliche Museum in Darmstadt. Geschichtlicher Überblick seiner Entstehung und Entwicklung, 1. Periode (1778–1830), Manuskript von 1876 in der Graphischen Sammlung des Hessischen Landesmuseums Darmstadt.

ausgestellt, den der Vater dem Erbprinzen zu diesem Zweck überlassen hatte (Abb. 3). Auch in dieser Zeit war schon zu bestimmten Zeiten und auf Verabredung eine Besichtigung des Museums möglich. Mit dem 19. Jahrhundert nahm der Raumbedarf des sich schnell ausdehnenden Bestandes zu. Ab 1809 ließ der Großherzog den südlich gelegenen Barockteil des Schlosses für die Aufnahme der Sammlungen umgestalten. Landgraf Ernst Ludwig (1667–1739) hatte durch den Architekten Louis Rémy de la Fosse (1659–1726) den Plan zur Errichtung eines repräsentativen Barockschlosses entwickeln lassen, das das alte Renaissanceschloss ersetzen sollte. Aus Geldmangel wurden jedoch nur der Südflügel und ein Teil des Westflügels im Rohbau ausgeführt, aber nicht fertiggestellt. Ludewig I. ließ nun diesen Torso im östlichen Teil als Bibliothek und im westlichen Bereich als Museum ausbauen.[4] Damit erhielt das Museum erstmals ein eigenes Gebäude, in das bis 1842 alle Sammlungsteile einzogen und nun zu festen Zeiten besichtigt werden konnten (Abb. 4).

In der Regierungszeit seines Gründers hatte das Museum einen tiefgreifenden Wandel erlebt. Von einer den Idealen der Aufklärung verpflichteten Bildungsanstalt zu einer der fürstlichen Repräsentation geschuldeten Ansammlung bedeutender Stücke, zu einem Zentral- und Staatsmuseum für den Flächenstaat Hessen und zu einer wissenschaftlich tätigen und lehrenden Institution. 1820 kehrte der Gründer nochmals zu den aufgeklärten Idealen der Anfangszeit zurück, indem er in einer Disposition zu Nutzen und der Belehrung seines Volkes die Sammlungen dem Staate übertrug.[5] Diese Verfügung wurde allerdings erst nach dem Tode des Großherzogs 1830 veröffentlicht, und es dauerte noch vier weitere Jahre, bis der Hessische Landtag das Erbe Ludewigs annahm.

Durch den Tod des Gründers und die Einordnung unter die staatlichen Behörden standen nun deutlich weniger Finanzmittel für den Ausbau der

5 Südfront und Mittelrisalit des Darmstädter Schlosses mit den Museumsräumen in den oberen Etagen, um 1896, Foto Stadtarchiv Darmstadt

◄ 4 Philipp Bender, Die Gemäldegalerie im Darmstädter Schloss, um 1830, HLMD Inv. Nr. GK 664

Sammlungen zur Verfügung. Doch ab einer bestimmten Größe geschieht das stete Wachstum eines Museums durch Schenkungen, Erbschaften, Ausgrabungen und auch Ankäufe automatisch, und diesen Status hatte das Darmstädter Landesmuseum längst schon erreicht. Bis auf wenige Ausnahmen entwickelten sich die Sammlungen im Verlauf des 19. Jahrhunderts weiter, wurden wissenschaftlich spezialisiert und gewannen dabei eine immer größere Selbständigkeit. Am Ende des Jahrhunderts standen vier institutionell eigentlich unabhängige Sammlungen nebeneinander, die Gemäldegalerie mit der Graphischen Sammlung, die Kunstsammlungen mit der Antike, die Zoologische Sammlung und die Geologische Sammlung, nur durch eine am Finanzministerium angesiedelte Oberdirektion miteinander verbunden (Abb. 5).

Der Wettbewerb
für einen Neubau

◄ 6 Großherzog Ernst Ludwig von Hessen und bei Rhein, um 1892, HLMD Inv. Nr. HZ 3726

6 Rudolf Krause: Zur Geschichte der Zoologischen Sammlung des Hessischen Landesmuseums in Darmstadt, Darmstadt 1972, S. 5–17.

7 Barbara Bott: Gemälde hessischer Maler des 19. Jahrhunderts im Hessischen Landesmuseum Darmstadt, Heidelberg 2003, S. 204–205.

8 Stadtlexikon Darmstadt, S. 472 (Wolfgang Schneider), vgl. Anm. 2.

9 Barbara Bott, 2003, S. 250, vgl. Anm. 7.

10 Barbara Bott, 2003, S. 163, vgl. Anm. 7.

11 Georg Scheer: Gottlieb von Koch – Museumsleiter, Naturwissenschaftler und Kinderfreund, in: Naturwissenschaftlicher Verein Darmstadt e. V, Bericht 1963/64, Darmstadt 1965, S. 75–80. Krause, 1972, S. 26–63, vgl. Anm. 6.

12 Stadtlexikon Darmstadt, S. 13 (Bernhard Pinsker), vgl. Anm. 2.

13 Stadtlexikon Darmstadt, S. 550 f. (Roland Koch), vgl. Anm. 2.

14 Stadtlexikon Darmstadt, S. 784 f. (Theo Jülich, Kai Boysen), vgl. Anm. 2.

15 Großherzoglich Hessische Zeitung vom 11.12.1884. Wolfgang Beeh: Der Museumsbau Messels für Darmstadt: Die Fassadenänderung zwischen Entwurf und Ausführung, in: KHM 21 (1981), S. 67–74, hier S. 69 f.

16 Gerhard Bott: Der Wettbewerb für einen Museumsneubau in Darmstadt 1891, in: Das kunst- und kulturgeschichtliche Museum im 19. Jahrhundert, München 1977, S. 193–204, hier S. 194–198.

In der Zeit der Aufstellung der Großherzoglichen Sammlungen im Darmstädter Residenzschloss sind in allen Bereichen, Naturgeschichte, Kunstgeschichte und Kulturgeschichte, die Sammlungsbestände erheblich vermehrt worden. Dies ist wesentlich auf das Engagement der im 19. Jahrhundert mit den Sammlungen befassten Wissenschaftler zurückzuführen, die seit 1869 gleichzeitig Professuren am Polytechnikum, der heutigen Technischen Universität, inne hatten, sowie dem von Künstlern. Zu ihnen zählen vor allem Georg Balthasar Bekker (Zoologe, 1770–1836),[6] Franz Hubert Müller (Galerieinspektor, 1784–1835),[7] Johann Jakob Kaup (Zoologe, 1803–1873),[8] Carl Ludwig Seeger (Galerieinspektor, 1808–1866),[9] Rudolf Hofmann (Galerieinspektor, 1820–1882),[10] Gottlieb von Koch (Zoologe, 1849–1914),[11] Rudolf Adamy (Archäologe, 1850–1898),[12] Richard Lepsius (Geologe, 1851–1915)[13] und die Direktoren des Museums, die im 19. Jahrhundert alle der Familie Schleiermacher entstammten.[14] Konzeptionell sind die Sammlungen in dieser Zeit als wissenschaftliche Spezialsammlungen mit einem teilweise repräsentativen Anspruch zu werten, die, wie auch andere Einrichtungen, dem Bildungsbürgertum zur Anschauung offen standen. Die Entwicklung des Bautyps Museum vor allem in der zweiten Hälfte des 19. Jahrhunderts und die stets wachsenden Sammlungen bedingten, dass gegen Ende des Jahrhunderts die Unterbringung im Residenzschloss als unwürdig für die Qualität der Sammlungen in der ganzen deutschen Fachwelt gegeißelt und von Besuchern der Hauptstadt so wahrgenommen wurde. In den achtziger Jahren des 19. Jahrhunderts mehrten sich die Stimmen, die in Darmstadt einen Neubau für die hauptstädtischen Sammlungen forderten, sowohl im Landtag als auch in der Bürgerschaft, so von Hofmaler August Noack (1822–1905) und von Seiten des Kunstvereins.[15]

Dies führte dazu, dass 1885 von Seiten der Regierung eine Kommission mit der Erstellung eines Gutachtens zu einem Museumsneubau beauftragt wurde.[16] Die Kommission legte in enger Zusammenarbeit mit den damals tätigen Museumsbeamten eine Reihe von Parametern für den zu errichtenden Bau fest. Dazu wurden Prof. Erwin Marx (1841–1901) und Prof. Heinrich Wagner (1834–1894) um eine Reihe von Untersuchungen gebeten, wozu der Vorschlag eines Bauplatzes gehörte. Neben verschiedenen Stellen im Herrengarten stand zunächst noch ein Bauplatz auf der Mathildenhöhe zur Disposition. Der Bericht an die Kommission empfahl aber die Errichtung des Museumsneubaus an der Stelle des zwar berühmten, aber funktionslos gewordenen Exerzierhauses von Johann Martin Schuknecht und

7 Exerzierhaus an der Stelle des heutigen Landesmuseums, vor 1892, Foto Stadtarchiv Darmstadt

Johann Jakob Hill aus dem Jahr 1772 am Paradeplatz (Abb. 7). Dies war dem Wunsch geschuldet, die Grünfläche des Herrngartens unversehrt erhalten zu können und gleichzeitig eine besser gestaltete Arrondierung des Platzareals nördlich des Residenzschlosses zu erzielen. Des Weiteren wurde in einer vergleichenden Betrachtung der Museumsneubauten der letzten Jahre ein Finanzrahmen ermittelt, der bezogen auf die benötigten Quadratmeter für Darmstadt ein Kostenvolumen von 1,5 Millionen Mark reine Baukosten ergab. Vorgegeben wurde schließlich die Bauform um zwei Innenhöfe, um eine ausreichende Beleuchtung des Gebäudes sicherstellen zu können.[17] Auf der Grundlage dieses Berichtes erfolgte 1891 schließlich die Auslobung eines Wettbewerbs für einen Museumsneubau, zu dem 19 Architekten Entwürfe einreichten.[18] Prämiert wurden die Vorschläge von Skjold Neckelmann und Heino Schmieden/Rudolf Speer mit jeweils der Hälfte des ersten Preises und der Entwurf der Berliner Architektengemeinschaft Schulz/Schlichting/Moeller mit dem zweiten Preis[19] (Abb. 8). Bevor jedoch über den weiteren Umgang mit den prämierten Entwürfen entschieden werden konnte, verstarb Großherzog Ludwig IV. am 13. März 1892.

Sein Erbe, Großherzog Ernst Ludwig (1868–1937; Abb. 6), erfasste rasch, dass implizit mit der Auswahl des Bauplatzes als nördlicher Begrenzung des Paradeplatzes im dort gegebenen Zusammenklang der bereits existierenden historischen Bauten auch eine von den Berichterstattern und der Kommission intendierte städtebauliche Einbettung gemeint war und dass keiner der vorgelegten und prämierten Entwürfe dieser Anforderung gerecht geworden war. Großherzog Ernst Ludwig formulierte im Rückblick recht drastisch: »Ich … war doch der Überzeugung, daß alle (Entwürfe, d. V.) eine Verschandelung der Stadt und eine Blamage für die Regierung wären …«.[20] Wenn auch diese Einlassung sicherlich erst durch die spätere Argumentation des dann von ihm favorisierten Architekten ihre verbale Fassung fand, so ist doch unstrittig, dass die Revision des Verfahrens das Unbehagen des neuen Großherzogs an den wilhelminisch-repräsentativen Entwürfen zum

17 Erwin Marx, Heinrich Wagner und Oberbaurat Müller: Bericht an die Commission für den Neubau des Großherzoglichen Museums, Darmstadt 1886.

18 Wettbewerbsentwürfe für den Neubau des Großherzoglichen Museums in Darmstadt, Darmstadt 1892.

19 Hessisches Landesmuseum Darmstadt, Inv. Nr. HZ 8766, HZ 8764, HZ 8761.

20 Zitiert nach: Fritz Fischer: Das Darmstädter Landesmuseum von Alfred Messel, Katalog der Ausstellung (Darmstadt 1986), S. 5.

21 Zur Chronologie der Bautätigkeit Messels vgl. Alfred Messel, 1853–1909, Visionär der Großstadt, Katalog der Ausstellung (Berlin 2009/2010), S. 239–241. Darin siehe auch: Nikolaus Bernau: Der Kaiser und die Privatarchitekten – Das Beispiel

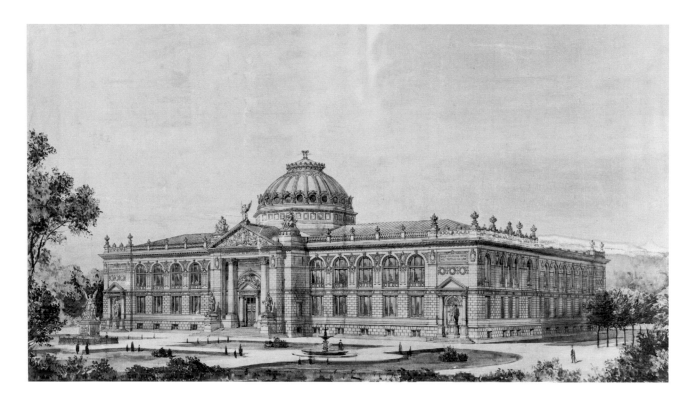

8 Wettbewerbsentwurf von Schulz/
Schlichting/Moeller, 1892, HLMD Inv. Nr.
HZ 8761

Alfred Messel, S. 49–55, hier besonders
S. 52–53 zur vermeintlichen Rolle des
Antisemitismus bei der Auftragsvergabe
an Alfred Messel.

22 Hans J. Reichhardt, Wolfgang Schäche:
Ludwig Hoffmann in Berlin, die Wieder-
entdeckung eines Architekten, Katalog der
Ausstellung (Berlin 1986/1987), S. 46–50.

23 Friedrich Back: Die Einrichtung der
kunst- und historischen Sammlungen des
Großherzoglichen Landesmuseums in
Darmstadt, in: Museumskunde V, Berlin
1909, S. 63–82, hier Nachwort S. 82.

24 Hans-Dieter Nägelke: »In der Architektur
beruht alles auf Weiterentwicklung« –
Messels Frühwerk und die Tradition
des 19. Jahrhunderts, in: Katalog Berlin
2009/2010, S. 31–36, vgl. Anm. 21. Siehe
auch: Katalog Berlin 1986/1987, S. 32–39,
vgl. Anm. 22.

Ausdruck brachten. Zugleich bewies das seinen Mut, einen konkurrierenden Entwurf von einem bislang nicht am Wettbewerb beteiligten Architekten einzuholen.

Es ist nicht bekannt, warum sein Augenmerk auf den gebürtigen Darmstädter Alfred Messel (1853–1909) fiel. Messel (Abb. 9) hatte sich zwar schon
zu diesem Zeitpunkt einen Ruf in Berlin erarbeitet, er wirkte jedoch haupt-
sächlich als Architekt von Zweck- und Wohnbauten. Von öffentlichen Auf-
trägen war er bis dahin weitgehend ausgeschlossen gewesen,[21] und dies hatte
ihn vielleicht auch von vornherein davon abgehalten, sich am Wettbewerb
für das Darmstädter Museum zu beteiligen. Alfred Messel verband eine
lebenslange Freundschaft mit dem Berliner Stadtbaurat Ludwig Hoffmann
(1852–1932).[22] Beide sind aus Darmstadt gebürtig, besuchten das Ludwig-
Georgs-Gymnasium, studierten die in Darmstadt vorhandenen Bauten von
Rémy de la Fosse (1659–1726) und Georg Moller (1784–1852), die vermutlich genauso prägend für beide waren[23] wie der viel zitierte Berliner Klas-
sizismus,[24] absolvierten ihr Praktikum gemeinsam in Kassel, studierten an
der Bauakademie in Berlin und ließen sich schließlich dort nieder, der eine
im staatlichen Dienst, der andere als freiberuflicher Architekt. Für Alfred
Messel war die Beauftragung zu einem konkurrierenden Entwurf für das
Darmstädter Museum nicht nur die Chance, in einem ihm bestens ver-
trauten architektonischen Umfeld zu arbeiten, sondern auch einen ersten
bedeutenden öffentlichen Auftrag zu erhalten. Entsprechend kompromiss-
bereit und engagiert versuchte er allen Wünschen und Vorstellungen seines

eigentlichen Auftraggebers, des liberalen und modernen Großherzogs, aber auch denjenigen der Museumsbeamten und der Ministerialbürokratie entgegenzukommen. Dies begründet zu einem Großteil die erstaunliche Entwicklung seiner Planungen für das Darmstädter Museumsprojekt. Dass es ihm gelang, bei all der politischen Bedingtheit sein Ziel zu erreichen, ohne die Prinzipien seiner Architekturauffassung aufzugeben, zeigt nicht nur die Beharrlichkeit und die Überzeugungskraft Messels, sondern vor allem auch seine überragende Qualität als Architekt. Großherzog Ernst Ludwig hatte also den richtigen Instinkt gehabt.

Alfred Messel sah sich zunächst mit denselben Vorgaben wie die Teilnehmer des Wettbewerbs konfrontiert: Der Bau sollte im Rahmen einer vorgegebenen Bausumme realisiert werden, alle Sammlungen sollten entgegen den Wünschen der Wissenschaftler[25] in einem Gebäude untergebracht werden, das Gebäude sollte sich um zwei offene Lichthöfe entwickeln, und als Ort war die Stelle des Exerzierhauses von 1771/72 am Südrand des Herrngartens vorgesehen.

Die Sammlungen waren zwar im 19. Jahrhundert in ein und derselben Immobilie vereint, doch verband sie dieses Faktum zunächst nicht mehr untereinander als mit der Bibliothek und dem Archiv, die ebenfalls in dieser Liegenschaft verortet waren. Das Naturalienkabinett war mittlerweile in zwei unabhängige Sammlungen, die zoologische und die geologisch-mineralogisch-paläontologische, geteilt. Als Vorstand der Zoologischen Sammlung wirkte in dieser Zeit Prof. Gottlieb von Koch: unorthodox, progressiv in wissenschaftlichen Ansichten wie im Auftreten und als Hobbyfotograf. Sein Gegenpart in der Geologie war Prof. Richard Lepsius: Rektor der Hochschule und Direktor der Geologischen Landesanstalt. Beide waren nur dadurch miteinander verbunden, dass sie in verschiedenen Fachbereichen an der Hochschule lehrten. Prof. Rudolf Adamy leitete die Antikensammlung und die kulturhistorischen Bestände, die dem sogenannten alten Museum entstammten. Dies umfasste die Klassische Archäologie, die Vor- und Frühgeschichte, das Kunsthandwerk aller Epochen, aber auch die Volkskunde und die außereuropäische Ethnologie, die beide durch Adamys rege Tätigkeit erst zu bedeutenden Sammlungen heranwuchsen. Schließlich stand der Gemäldegalerie und dem Kupferstichkabinett das schwächste Glied der Kette, Inspektor Prof. Karl Ludwig Hofmann-Zeitz (1832–1895), vor.[26] Diese vier weitgehend autonomen und parallel vielfältigen anderen Aufgaben nachgehenden Sammlungsleiter waren in ihrer Museumsfunktion nur locker durch eine gemeinsame Oberdirektion bei der großherzoglichen Kabinettsdirektion verbunden, wahrgenommen zunächst durch den Ministerialpräsidenten des Finanzwesens August Schleiermacher (1816–1892), eines Enkels des ersten Museumsdirektors Ernst Christian Schleiermacher, und anschließend von Kabinettsdirektor Gustav von Römheld (1861–1933).[27] Aus dieser besonderen Situation resultierte die Aufgabe Messels, vier sich selbst als eigenständig wahrnehmende Kabinette gegen den erklärten Willen ihrer Vorstände in einem Gebäude unterbringen zu müssen. Es galt also, die

25 Friedrich Back: Aus der Bauzeit des Landesmuseums in Darmstadt, in: Volk und Scholle, 11. Jg., 1933, S. 192–204, hier S. 192 f.

26 Barbara Bott, 2003, S. 165, vgl. Anm. 7.

27 Erst 1934 wurde August Feigel (1880–1966) als Leiter der kunst- und kulturhistorischen Sammlungen erster Gesamtdirektor des Museums.

äußerst heterogenen Sammlungsteile in adäquaten Räumlichkeiten, voneinander getrennt und dennoch in einem sinnvollen räumlichen Kontext
zu ordnen.

Gleichzeitig sollte dem Residenzschloss ein geschlossenes bauliches
Gegenüber gegeben werden. Die unterschiedlichen Nachbarbebauungen,
auf der Nordseite der Herrngarten mit altem und hohem Baumbestand, im
Westen die nah heranrückende niedrige und schlichte Geologische Landesanstalt und der zwar höhere, aber ebenso schlichte Marstall, im Osten
und im Süden weite Platzsituationen mit den repräsentativen Bauten des
Residenzschlosses und des Theaters, stellten den Architekten zudem vor
die Aufgabe, die einzelnen Fassaden des gedachten Gebäudes differenziert
anzugehen.[28]

Messels Entwurf

◄ **10** Alfred Messel, Großherzogliches
Museum Darmstadt, Ausführungsprojekt ab
1896, Inv. Nr. 13431, Architekturmuseum,
TU Berlin (Ausschnitt)

29 Katalog Berlin 1986/87, S. 74–77, vgl.
   Anm. 22.
30 Friedrich Back: Großherzoglich Hessisches
   Landesmuseum in Darmstadt, Führer
   durch die kunst- und historischen Sammlungen, Darmstadt 1908, S. 10. Vgl. auch
   Messel, 1893, (S. 2), vgl. Anm. 28 und
   Katalog Darmstadt 1986, S. 5, vgl.
   Anm. 20. (Kurztitel: »Messel, 1893« oder
   »Messel 1893«?)
31 Alfred Messel – Ein Führer zu seinen Bauten, hrsg. v. Artur Gärtner, Robert Habel
   und Hans-Dieter Nägelke, Kiel 2010,
   S. 15–17.
32 Ludwig Prinz von Hessen und bei Rhein:
   Die Darmstädter Künstlerkolonie und
   ihr Gründer Großherzog Ernst Ludwig,
   Darmstadt 1950, S. 23.
33 Messel, 1893, (S. 6), vgl. Anm. 28.
34 Messel, 1893, (S. 1), vgl. Anm. 28.

Diese aus der vorgefundenen Situation abgeleiteten Parameter schienen für
Messel nur mit dem Prinzip der »gruppierten Anlage« zu bewältigen zu sein,
einem Bautyp, den er wohl zusammen mit seinem Freund Ludwig Hofmann
entwickelte und den dieser fast zeitgleich im Märkischen Museum in Berlin
verwirklichte.[29] Grundprinzip ist dabei, eine für jeden Sammlungsaspekt
adäquate Architektur aus den Notwendigkeiten der Sammlungsobjekte[30]
und dem ihnen zugehörigen Baustil zu finden und diese Einzelarchitekturen
zu einem Ganzen zusammenzufügen. Während nun Ludwig Hofmann dieses Prinzip auch nach außen sichtbar werden lassen konnte, verbot sich eine
solche Lösung aufgrund der städtebaulich exponierten Situation in Darmstadt. Hier waren die Maßstäbe durch die umgebende Architektur bestimmt
und ein nach außen geschlossener Baukörper erforderlich. Der Komplexität
der Aufgabe für den Architekten kommt die stilistische Haltung Messels
entgegen, historistische Elemente so weit zu reduzieren, dass sie gerade
noch der Erfüllung des intendierten Zwecks dienen können, keineswegs
aber nur als Dekoration appliziert werden.[31] Sicherlich war Messels intime
Kenntnis der das alte Darmstadt prägenden Bauformen und Maßstäbe bei
der Lösung der Aufgabe von Vorteil.

   Noch 1892 reichte Messel erste Ideenskizzen ein. Dabei ist davon aus-
zugehen, dass den ersten Skizzen sowohl intensive Gespräche mit dem
Großherzog[32] als auch Beratungen mit den zu diesem Zeitpunkt maßgeb-
lichen Sammlungsleitern und den Mitgliedern der Baukommission sowie
eine gründliche Auseinandersetzung mit den prämierten Entwürfen des
Wettbewerbs vorausgegangen sind. In der schriftlichen Erläuterung des ein
Jahr später vorgelegten ersten Entwurfs nimmt diese Auseinandersetzung
eine wichtige Rolle ein.[33] Alfred Messel analysierte, charakterisierte und
kritisierte die bereits vorliegenden Entwürfe mit aller Schärfe, um ihnen
dann umso pointierter seine Alternativlösung gegenüberzustellen. Seine
Kritikpunkte waren im Wesentlichen, dass die meisten Entwürfe einen
traditionellen Museumsbau in Kastenform, mit gleich hohen und immer
identischen Sammlungsräumen vorschlugen, so dass der Besucher »bald
Kunstgegenständen, bald Präparaten gegenüberstehe«.[34] Die blockhaften
Architekturen schienen zudem den umgebenden Darmstädter Maßstab
zu sprengen, die zur Auflockerung des Bauvolumens bei den meisten Entwürfen vorgesehene zentrale Kuppel verstärkte den Effekt noch. Trotz reich
angebrachter wilhelminischer, neobarocker Baudekoration war deutlich,
dass das Residenzschloss, das neobarocke Elemente allerdings nahelegte –

und auch Messel bediente sich dieser Formensprache –, in diesen Entwürfen ins Hintertreffen geriet und seinen die Innenstadt dominierenden Charakter weitgehend verlor. Die Hauptaufgaben waren also in Messels und wohl auch Ernst Ludwigs Augen nicht gelöst: die sinnvolle Unterbringung von eigentlich vier heterogenen Sammlungen und die harmonische Einbettung des Museumsbaus in die vorhandene architektonische Umgebung. Genau auf diese beiden Aspekte zielten Messels erste Entwürfe ab.

Sie zeigen einen ungesockelten Baukörper, der sich um vier Höfe gruppiert.[35] Der Südflügel ist nur in der Mitte durch einen Portikus akzentuiert und als flaches, sich dem Schloss wie eine Orangerie zuordnendes, lang gestrecktes Gebäude ausgeprägt. Den oberen Abschluss bildet eine Balustrade, die dezenten Skulpturenschmuck zeigt. An der Ostseite akzentuiert von den ersten Entwürfen an ein Museumsturm die Silhouette, lockert damit die Südansicht auf und bildet gleichzeitig einen optischen Fixpunkt in der Gebäudegruppe Schloss, Theater und Museum. Hier wurde offensichtlich von Beginn an – ob initiativ durch Messel oder auf Anregung der Auftraggeber, ist nicht bekannt – auf den von Remy de la Fosse geplanten, aber nie realisierten zentralen Turm des barocken Schlossneubaus rekurriert. Den nördlichen Abschluss des Museumsbaus bildet ein zum Herrngarten hin hoch aufragender Bauriegel, der das Ensemble städtebaulich schließt.

Zwischen diesen beiden Riegeln entwickelte sich die »gruppirte Anlage«, unterschiedliche Gebäude, die in drei Achsen die beiden Hauptflügel miteinander verbanden. Deren Dachlandschaft sollte vom Paradeplatz aus wahrnehmbar sein und vom niederen vorderen Gebäude zum hohen Nordflügel vermitteln. Damit griff Messel spiegelbildlich die nach Norden abfallenden Bauhöhen des Schlosses auf, von den höheren Blöcken des Barockschlosses hin zu den niederen Gebäuden aus der Zeit der Renaissance. Im Inneren verteilte Messel in diesen ersten Überlegungen die Sammlungen nach der Bedeutung und dem Einfluss der jeweiligen Sammlungsvorstände. Die prominentesten Bereiche wurden daher durch die Zoologie und die Archäologie/Kulturgeschichte eingenommen. Die große Eingangshalle war für die Völkerkunde bestimmt, rechts und links schlossen sich Spangen für die Vor- und Frühgeschichte und Archäologie sowie das Kunsthandwerk vom Mittelalter zum Barock an. Beide Bereiche entwickelten sich um Höfe: östlich als ein römisches Atrium für das antike Bad Vilbeler Mosaik gestaltet, westlich als ein neomittelalterlicher Kreuzgang. Durchschritt man die Eingangshalle in gerader Richtung, kam man, wie heute, auf der Beletage in die Zoologische Sammlung. Darüber gelangt man über ein repräsentatives Treppenhaus in die Geologie, Mineralogie und Paläontologie. Erst darüber, mit einer schon ziemlichen Entfernung vom Eingang und zahlreichen zu überwindenden Treppen, fand sich die Gemäldegalerie und schließlich die Graphische Sammlung. Messel argumentierte, durchaus im Einklang mit der damaligen Museumsgestaltung, dass nur so Oberlichtsäle und Nordkabinette für die Galerie zu schaffen gewesen wären.[36] Heute ist es verlockend,

35 Architekturmuseum der Technischen Universität Berlin, Inv. Nr. 13390–13396.
36 Messel, 1893, (S. 4), vgl. Anm. 28. Back, 1933, S. 193, vgl. Anm. 25.

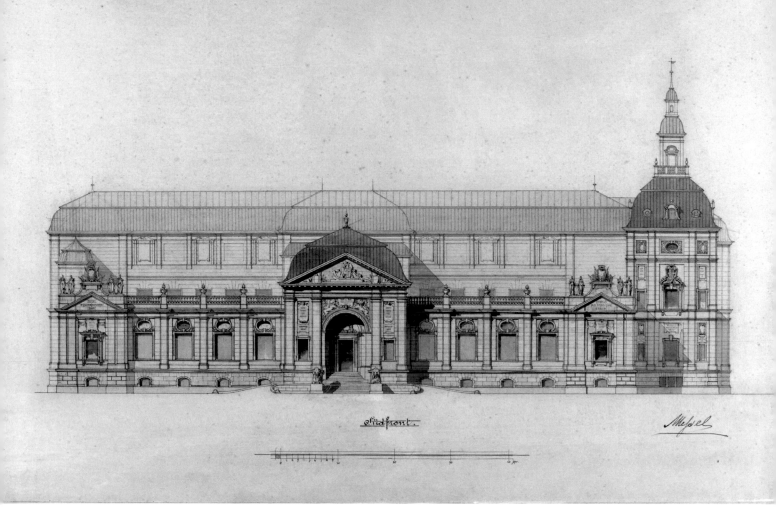

11 Entwurf Messel 1893, Außenansicht, HLMD Inv. Nr. Hz 9221

in der aufsteigenden Ordnung der Sammlungen im Nordflügel auch eine Bedeutungssteigerung zu sehen, doch ist dies nicht durch Äußerungen der damals handelnden Personen verbürgt. Im Innern gab Alfred Messel dem Besucher des Museums eine eindeutige und sich rasch selbst erschließende Ordnung vor. Die äußere Kontur des rechteckigen Baukörpers lässt dagegen nur auf die zentrale Bedeutung der mittleren Halle, nicht jedoch auf die vielfältige architektonische Gestaltung im Inneren schließen. Nach Westen schloss sich um die Jahrhundertwende Bebauung des 18. und 19. Jahrhunderts an, die entlang der Westfassade eine Sicht- und Verkehrsverbindung zwischen der Innenstadt mit dem sogenannten Weißen Turm und dem Herrngarten ermöglichte.

Der erste Entwurf Messels sollte in der Folgezeit eine bemerkenswerte Evolution durchlaufen. Obwohl er sich damit auf Anhieb gegen die Entwürfe des Wettbewerbs durchsetzen konnte, wurden sowohl vom Großherzog als auch von der Darmstädter Architektenschaft zahlreiche Änderungen des Äußeren durchgesetzt, und durch Machtverschiebungen innerhalb der Museumsverantwortlichen wurde auch das Innere grundlegend revidiert. Messel begrüßte dies teilweise, an manchen Stellen mag er sich auch gesträubt haben.[37] Im Ergebnis veränderte er seinen ersten Entwurf immer wieder, und noch während des Bauens wurden einzelne Teile der Bauausführung verändert. Die erste gravierende Änderung, wohl auf den von ihm falsch eingeschätzten Platzbedarf der Sammlungen zurückzuführen und dem allgemeinen Zeitgeschmack geschuldet, war die Sockelung des ganzen Gebäudes. Messel versuchte, die vor allem die Südfassade in ihren Proportionen verändernde Situation dadurch aufzufangen, dass er die vorher schon vorhandene Kolossalordnung als Gliederungselement über den Sockel führte und zwei Eckrisalite zur Gliederung der nunmehr ans Monumentale grenzenden Fassadenhöhe hinzufügte (Abb. 11). Dennoch war immer noch vom vorgelagerten Platz aus die dahinter liegende Dachlandschaft der »gruppirten Anlage« wahrnehmbar. Paul Wallot (1841–1912), Architekt des Reichstags, war 1895 mit der Begutachtung der Entwürfe Messels betraut worden. Da Kaiser Wilhelm II. offenkundig seine Entwürfe nicht genügend schätzte, war er 1894 als Lehrer an die Kunstakademie in Dresden gewechselt und verfügte somit über Zeit, sich auch dem Darmstädter Museumsbau zu widmen. Als gebürtiger Hesse (Oppenheim) war er für diese Aufgabe prädestiniert, vielleicht hatte auch das Missfallen des Kaisers in Darmstadt einen positiven Effekt für Wallot erzeugt. Paul Wallot war in der Logik der Proportionalität der Baukörper weniger konsequent als Messel und empfand den flach gedeckten Südflügel weder passend für den Bau noch passend als Pendant zum Residenzschloss. Damit verkannte er Messels Idee einer sich unterordnenden Orangerie. Der einzige Kompromiss, den Messel erreichen konnte, war der, dass das damit geforderte Dach schließlich als relativ flaches Satteldach ausgeprägt wurde.[38] So verschwand aber die Dachlandschaft des Museums hinter dem Dach des Südflügels, und Messels ursprüngliche Idee wurde einer ihrer wesentlichen Komponenten beraubt.[39]

Sehr viel spielerischer scheint der Umgang Messels mit dem Museumsturm gewesen zu sein.[40] Der Turm hatte keine funktionale Notwendigkeit aus den Bedürfnissen des Museums heraus, seine Existenz ist allein städtebaulichen Überlegungen geschuldet. Der erste Entwurf orientierte sich offenbar an den unmittelbar gegenüberliegenden Teilen des Residenzschlosses und ist folgerichtig eher festungsartig, blockhaft, weitgehend schmucklos, zwar im Vergleich zur Südfassade erhöht aber doch den Proportionen der älteren, nördlichen Schlossteile angepasst. Dann erhielt er im nächsten Schritt einen reicheren, neobarocken Figurenschmuck, jedoch ohne seine Höhe wesentlich zu vergrößern. Im nächsten Entwurf schoss er in die Höhe, allerdings noch mit prägender plastischer Gliederung, einer starken Verjüngung und mit immer noch beachtlichem Figurenschmuck. Zu diesem Zeitpunkt scheint das damals im Museum aufgestellte Modell der geplanten vollstän-

37 Back, 1933, S. 193–195, vgl. Anm. 25.
38 Beeh, 1981, vgl. Anm. 15.
39 Vollendet wurde die Intention Wallots beim Wiederaufbau des Museums nach dem Zweiten Weltkrieg, als aus Platzmangel zunächst 1955 die Satteldächer des Südflügels als Walmdächer erhöht und 1969 der Mittelrisalit durch ein Walmdach als dominierendes Bauelement etabliert wurden.
40 Architekturmuseum der Technischen Universität Berlin, Inv. Nr. 13393, HLMD, Inv. Nr. HZ 9221.

digen Barockanlage des Schlosses von Rémy de la Fosse für Messel eine entscheidende Bedeutung gewonnen zu haben. Der letztendliche und dann auch realisierte Entwurf (Abb. 10) orientiert sich jedenfalls sowohl an den Proportionen als auch an den ruhigen, eher klassischen Formen des Turms im Entwurf von Rémy de la Fosse.[41] Dass dies zusammengedacht werden muss, ist auch daran zu erkennen, dass in entscheidenden Blickachsen von den westlichen Höfen des Residenzschlosses aus der Museumsturm wie eine Fortsetzung der Schlossarchitektur erscheint.[42] Im Prinzip unverändert blieb jedoch Messels unterschiedliche Behandlung der vier Fassaden des Hauses, die auf die damalige Bebauung der Umgebung Rücksicht nahm.

41 Darmstadt in der Zeit des Barock und Rokoko. Louis Rémy de la Fosse, Katalog der Ausstellung (Darmstadt 1980), S. 56–59, S. 99–112.
42 Freundlicher Hinweis von Stephen Perry, Hamburg.

Von Rudolf Adamy
zu Friedrich Back

◀ 12 Fertiggestellter Bau des Landesmuseums, Außenansicht, nach 1902,
HLMD Museumsarchiv

Die Umwälzungen im Innern (Abb. 13, Abb. 14) waren zum größten Teil auf personelle Veränderungen zurückzuführen. Wenn man sieht, welche Konsequenzen sich für die Planung und die Bauausführung aus dem Wechsel der Sammlungsleiter ergaben, wird deutlich, welche Bedeutung von Seiten der Regierung ihnen zugemessen wurde. Messel musste sich diesen Turbulenzen ebenso beugen wie im Äußeren des Hauses den Wünschen der hessischen Architektenschaft und des Großherzogs. Rudolf Hofmann-Zeitz starb 1895, aus Berlin wurde 1896 sein Nachfolger Friedrich Back (1860–1932)[43] berufen (Abb. 15). Die Annahme, Back sei auf Veranlassung Messels eingestellt worden, entbehrt jeder Grundlage, vermutlich haben sie sich erst beim Darmstädter Museumsprojekt kennengelernt. Wahrscheinlicher ist die Berufung Backs durch die Empfehlung Wilhelm von Bodes (1845–1929)[44]. Als Back nach Darmstadt kam, mitten in der Vorbereitung eines Museumsneubaus und des damit verbundenen großen Umzugs, musste er sich zunächst in die Sammlungen und die bisherigen Planungen einarbeiten. Schnell wird er erkannt haben, dass im Kunst- und Kulturbereich Rudolf Adamy tonangebend war, was sich an den Planungen für die Raumnutzung deutlich zeigte. Back, der sicherlich vom wissenschaftlichen Hintergrund und seiner Persönlichkeit her mit größerer Autorität auftreten konnte als sein Vorgänger Hofmann-Zeitz, schaffte es interessanterweise, Rudolf Adamy von einer Reihe seiner Vorstellungen abzubringen, ohne sich mit ihm zu überwerfen.[45] Doch musste er von 1896 bis 1898 auf den älteren und eingeführten Kollegen Rücksicht nehmen. 1898 starb Rudolf Adamy überraschend, und dessen Sammlungen wurden Friedrich Back zugeordnet, der ab 1898 den Titel eines Direktors der kunst- und kulturhistorischen Sammlungen führte. Nun konnte Back an eine Neukonzeption für die Aufstellung der Sammlungen gehen, die er nach wesentlich moderneren Gesichtspunkten zusammen mit Alfred Messel zu entwickeln hatte.

Zwischenzeitlich war 1892 das Exerzierhaus abgerissen worden, die Baugrube ausgehoben, der Grundstein 1897 gelegt und der Rohbau im vollen Gange. Alfred Messel und Friedrich Back mussten sich unter Zeitdruck und unter den Bedingungen eines bereits wachsenden Museumsgebäudes darüber verständigen, was noch änderbar war und was nicht.[46] Dabei war auch für Alfred Messel eine Reihe von Ideen seiner bisherigen Planungen unverzichtbar. In der Naturgeschichte entwickelten sich die Dinge ruhiger. Richard Lepsius war durch sein Engagement an der Hochschule und der Geologischen Landesanstalt weitgehend absorbiert, so dass Gottlieb von

43 Georg Haupt: Die kunst- und historischen Sammlungen des Hessischen Landesmuseums und Friedrich Back, in: Volk und Scholle, 4. Jg. (1926), S. 261–265. Stadtlexikon Darmstadt, S. 53 f. (Theo Jülich), vgl. Anm. 2.
44 Wilhelm von Bode – Mein Leben, hrsg. v. Thomas Gaethgens und Barbara Paul, Berlin 1997.
45 Back, 1933, S. 193, vgl. Anm. 25.
46 Back, 1933, S. 194–195, vgl. Anm. 25. Haupt, 1926, S. 262, vgl. Anm. 43.

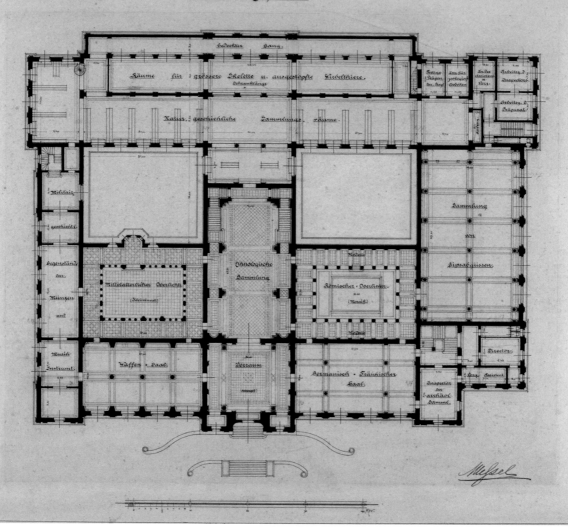

Grundriss des Erdgeschosses.

15 Friedrich Back (1860–1932), Bildnis von Richard Hoelscher, 1908, HLMD Inv. Nr. GK 892

◀ 13 Entwurf Messel 1893, Grundriss, HLMD, Inv. Nr. HZ 9213

◀ 14 Entwurf Messel 1893, Schnitt in Ost-West Richtung, HLMD, Inv. Nr. HZ 9224

47 Back, 1909, vgl. Anm. 23. Back, 1908, vgl. Anm. 30.
48 Back, 1933, vgl. Anm. 25.
49 M. Rapsilber, Fritz Stahl: Alfred Messel, 2 Teile = 5. und 9. Sonderheft der Berliner Architekturwelt, Berlin 1911, hier vor allem Teil 2. Walter Curt Behrendt: Alfred Messel, Berlin 1911, Neuausgabe, Berlin 1998, S. 89–91.
50 1893 erhielt er den ersten Auftrag für das Kaufhaus Wertheim in der Oranienstraße in Berlin, 1894 für den Thronsaal der Deutschen Botschaft in Rom, 1896 für das Kaufhaus Wertheim in der Leipziger Straße in Berlin. Erweiterungen der Wertheimkaufhäuser plante er bis 1906. 1907 wurde er zum Architekten der Königlichen Museen zu Berlin ernannt.
51 Alfred Messel in einem Brief an Ludwig Hoffmann vom 6. Juni 1906, zitiert nach Gärtner, 2010, S. 176, vgl. Anm. 31.

Koch freie Hand blieb. Während von Koch seine Planungen innerhalb der von ihm von Beginn an gewünschten Architektur an prominenter Stelle realisieren konnte, darunter die weltberühmten tiergeographischen Dioramen, die seit 1893 von Messel in seinen Entwurf eingepflegt worden waren, standen für Messel in der Kunst- und Kulturgeschichte entscheidende Änderungen an, die von einem diskussionsfreudigen und kenntnisreichen Gegenüber, Friedrich Back, vertreten wurden.

Friedrich Back hat später die Diskussion um viele zentrale Punkte niemals negiert, doch ist unverkennbar, dass seine Einschätzung der Architektur Alfred Messels unmittelbar nach Eröffnung des Museums deutlich positiver ausfiel[47] als in seinen posthum erschienenen Erinnerungen an diese Zeit.[48] Dem Außenstehenden verriet das dann 1906 der Öffentlichkeit übergebene fertige Museum nur wenig über den mühsamen Weg zu einem präsentablen Kompromiss. Es wurde in der Fachpresse als mustergültig gelobt[49] und verhalf Messel zu einem gewaltigen Karriereschub.[50] Die außergewöhnlich lange Planungszeit (1892–1897), Bauzeit (1897–1902) und Einrichtungszeit (1902–1906) ist sicherlich nicht nur auf das Bemühen zurückzuführen, die Baukosten auf viele Haushaltsjahre zu verteilen, sondern auch auf den oben angesprochenen Diskussionsprozess. Messel trug es mit Humor, in einem Brief an Ludwig Hoffmann spricht er von der »(Sieges-)Palme des Langsambauens«.[51] Back hingegen sah es als eine gravierende Schwierigkeit beim Fortgang des Baues und der Planungen an, dass Messel wegen lukrativer Aufträge in Berlin immer seltener persönlich in Darmstadt erschien. Trotz all dieser Turbulenzen konnten schließlich sowohl Alfred Messel als auch Friedrich Back mit dem erzielten Ergebnis zufrieden sein (Abb. 12).

Die Höfe

◄ 16 Rodensteiner Hof, um 1906,
HLMD Museumsarchiv

Eines der Prinzipien des modernen Museumsbaus am Ende des 19. Jahrhunderts ist die Integration offener Höfe in den Ausstellungsrundgang, wie
es bei den in dieser Zeit in Berlin, München und Nürnberg entstandenen
Bauten zu beobachten ist. Die Verbindung von innen und außen schien
besonders geeignet, sowohl die Architekturen der umgebenden Gebäude
deutlich zu machen, als auch einen Ausstellungsraum für witterungsunemp-
findliche Objekte wie Bauteile, Steinskulpturen und Grabmäler zu schaffen.
Messels Idee der »gruppirten Anlage« kam ein solches Prinzip entgegen
und bot die Möglichkeit, durch den Wechsel von Außen- und Innenräumen
den Rundgang spannender zu machen. Es betonte zudem den adäquaten
Charakter von Architekturrahmen und Sammlung. Nach den verschiedenen Änderungen des äußeren Erscheinungsbildes des Museumsbaus in der
Planung bot Messels Gebäudegruppe folgendes Bild: Anschließend an den
Südriegel, nach Norden aber niedriger als dieser und somit vom Platz aus
nicht mehr sichtbar, folgten einige Gebäude in historisierenden Formen
zur Aufnahme von Objekten bestimmter Epochen: eine gotische Kapelle,
ein romanischer Gang, ein römischer Gang und ein römisches Peristylhaus
für das Bad Vilbeler Mosaik (Abb. 17). In der noch unter Rudolf Adamy
favorisierten vorangehenden Entwurfsvariante war statt des romanischen
Ganges und der gotischen Kapelle ein Kreuzgang in romanischen Formen
vorgesehen gewesen, der niveaugleich mit dem Bad Vilbeler Mosaik auf der
gegenüberliegenden Seite geplant war. Otto von Falke (1862–1942) hatte
Friedrich Back, der mehr als Alfred Messel von den museographischen Notwendigkeiten her dachte, eine gotische Kapelle zur Aufnahme der farbig
gefassten Skulptur und der mittelalterlichen Glasmalereien vorgeschlagen,
deren Bestand zu diesem Zeitpunkt noch wesentlich kleiner war.[52] Dies war
wohlgemerkt 1898, ein Jahr nach der Grundsteinlegung (Abb. 18, Abb. 19).
Zur Kapelle sollte von der Eingangshalle aus ein romanischer Gang führen,
der in seinen äußeren Formen als Pallas gestaltet war und im Innern für die
romanische Kleinkunst der Elfenbeine und Goldschmiedekunst bestimmt
war.[53] Dadurch ergab sich südlich davon die Möglichkeit, einen dritten
Innenhof bis auf das Niveau des Sockelgeschosses zu führen und diesen mit
dem nunmehr durch die Außenansicht der Kapelle dominierten Nordwest-
hof durch einen offenen Durchgang zu verbinden. Die Idee, mittels einer
großen Freitreppe den oberen romanischen Gang mit dem Bodenniveau des
neu gewonnenen Hofes zu verbinden, kam offenbar von Großherzog Ernst
Ludwig selbst zu einem noch späteren Zeitpunkt.[54] Der neue Hof erhielt

52 Suzanne Beeh-Lustenberger: Glasmalerei
    um 800–1900 im Hessischen Landes-
    museum in Darmstadt, Textteil, Hanau
    1973, S. 3–12.
53 Back, 1933, S. 194, vgl. Anm. 25.
54 Back, 1933, S. 195, vgl. Anm. 25.

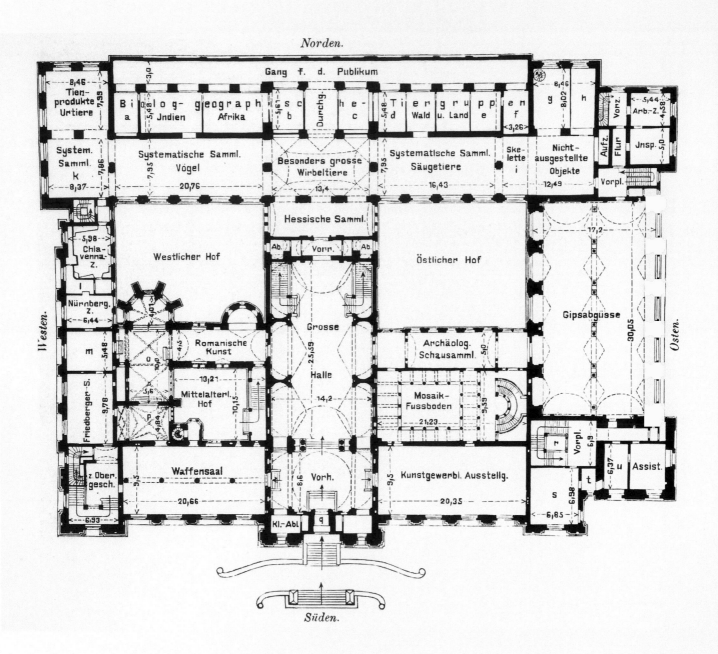

Norden.

Gang f. d. Publikum

8,46 — Tier-produkte Urtiere — 7,39

3,0

Bi-o-log-geograph-isc-he-c Tiergruppen

a Jndien — 5,48 — Afrika — b Durchg. c — d Wald u. Land e f — 3,26 — g h — 8,46 — 8,02

Systematische Samml. Vögel — 7,35 — 20,76 — Systematische Samml. — 5,48 — Besonders grosse Wirbeltiere — 13,4 — Systematische Samml. Säugetiere — 7,95 — 16,43 — Skelette i — Nicht-ausgestellte Objekte — 12,49

System. Samml. k — 7,86 — 8,37

Aufz. Vorz. — 5,44 — Arb.-Z. 4,12

Jnsp. 5,0

Vorpl.

Hessische Samml.

Ab. Vorn. Ab.

Westlicher Hof

Östlicher Hof

5,98 — Chia-venna-Z. l — Nürnberg. Z. — 6,44

Romanische Kunst

Grosse — 25,59 — Halle

Archäolog. Schausamml. 5,0

Gipsabgüsse — 17,2

17,2 — 30,05

Westen.

m — 5,48 — Friedberger-S. — 9,78

Mittelalterl. Hof — 10,15 — 10,21

14,2

Mosaik-Fussboden — 21,23 — 9,59

Osten.

z. Ober. gesch. — 9,5 — 6,93

Waffensaal — 20,66

9,8 — Vorh. — 9,5

Kunstgewerbl. Ausstellg. — 20,35

r — Vorpl. 6,9 — 6,37 — u Assist.

s — 6,38 — t — 6,85

Kl.-Abl q

Süden.

17 Alfred Messel, Grundriss des Hauptgeschosses wie ausgeführt, 1906, HLMD Museumsarchiv

18 Bau des Landesmuseums, um 1900, vom Schloss aus aufgenommen, HLMD Museumsarchiv

55 Friedrich Back benutzt diese Bezeichnung noch nicht, er spricht in seinen Publikationen stets vom »mittelalterlichen Hof«.

56 Von Baudirektor Georg Zimmermann (1908–1997) analog dem südlicheren Fenster 1955 in Renaissanceformen wiederaufgebaut.

57 Wolfgang Beeh, Grabsteine und Taufsteine im Hessischen Landesmuseum, Architekturfragmente vom Schloss in Offenbach, in: KHM 14 (1974), S. 119–149, hier S. 141. Das Güttersbacher Taufbecken (Inv. Nr. Pl 60:11) wurde zwischen 1891 und 1901 erworben. Es wurde im Zweiten Weltkrieg beschädigt und 1960 restauriert. Nach dem Krieg wurde hier das Taufbecken aus Echzell (Inv. Nr. H 01:32) aufgestellt.

später aufgrund der unter anderem dort ausgestellten Grabplatten der Herren von Rodenstein aus Fränkisch-Crumbach den Namen Rodensteiner Hof (Abb. 16).[55] Alfred Messel gestaltete den Rodensteiner Hof in Formen der Romanik, Gotik und Renaissance. Er zitierte dabei bedeutende hessische Bauwerke wie einen gotischen Erker aus Büdingen und die Bioriensäulen der Godehardskapelle des Mainzer Doms, eingebaut in die Fassade des Pallas der Kaiserpfalz zu Gelnhausen als Südseite des romanischen Gangs. Westlich griff die Außenwand der Kapelle mit einem reich geschmückten Maßwerkfenster auf die Architektur der Katharinenkirche in Oppenheim zurück (Abb. 20).[56] Südlich war neben dem Büdinger Erker die Wand mit zwei Spitzbogenfenstern und einem Dreipassfenster als gotisch charakterisiert, was auch eine spitzbogige Türöffnung, die zur Sammlung der Hessischen Altertümer im Untergeschoss führte, betonte. Messel entwarf für diese Türöffnung eine mit reichem Eisenbeschlag geschmückte Tür nach dem Vorbild hochgotischer Kirchentüren. Die im Osten anschließende Außenwand der großen Haupthalle, die auch nach außen hin in den Stilformen der italienischen Renaissance erschien, erhielt durch die vorgelegte Treppe mit von einer Holzkonstruktion getragenem Schindeldach ebenfalls eine mittelalterliche Anmutung. Friedrich Back und Alfred Messel scheuten auch nicht davor zurück, zugunsten der atmosphärischen Stimmigkeit des Hofes das Güttersbacher Taufbecken aus dem 14. Jahrhundert[57] als Brunnen für die Mitte des Hofes umzufunktionieren. In den Augen Backs und Messels verfügte das Museum über zu wenig repräsentative mittelalterli-

19 Bau des Landesmuseums, um 1900, Bauarbeiten in der Haupthalle, Foto Stadtarchiv Darmstadt

che Bauteile, um den Rodensteiner Hof (das Gleiche gilt für den nördlich anschließenden Gotischen Hof) auszustatten. So ist in den Jahren vor der Eröffnung eine deutlich vermehrte Erwerbstätigkeit solcher Gegenstände festzustellen.[58] Damit ist schon hier durch den Diskurs zwischen Friedrich Back und Alfred Messel eine Relativierung des Prinzips, die Architektur aus den vorhandenen Sammlungen heraus zu entwickeln, feststellbar. Ausgehend von Ideen und Vorstellungen für bestimmte Räume wurden nun auch die dazu passenden Sammlungsbestände gesucht und erworben. Dies zeigt den im Verlauf des Bauprojekts immer bedeutender werdenden Wunsch, Inhalte zu visualisieren, die Back für ein Landesmuseum unverzichtbar erschienen, unabhängig davon, ob sie bereits in den Sammlungen durch Objekte vertreten waren.

Der mit Sandsteinplatten belegte Rodensteiner Hof sollte die Atmosphäre des innerstädtischen Bereiches einer alten und verschachtelten hes-

58 Die Grabsteine der Rodensteiner wurden 1899 erworben, ebenso das Grabmal des Heinrich von Sparr. 1904 wurden fünf Grabsteine aus der Klosterkirche Marienborn bei Weidas gekauft.

20 Rodensteiner Hof, um 1906, HLMD
Museumsarchiv

59 Back, 1908, S. 59, vgl. Anm. 30.
60 Rudolf Adamy: Die fränkische Torhalle
   und Klosterkirche zu Lorsch, Darmstadt
   1891.

sischen Stadt suggerieren. Vegetation war nur durch einige Rankpflanzen an den Werksteinfassaden vertreten. Unterhalb des romanischen Gangs führte ein ursprünglich offener Torweg (Abb. 21), in dem Kutschen aus großherzoglichem Besitz und eine historische Feuerspritze ausgestellt waren,[59] zum Westhof, dem Gotischen Hof. Dessen Charakter wurde nun durch die Apsis der gotischen Kapelle und die Nordwand des romanischen Gangs geprägt. Dort gab es ursprünglich noch einen Erkeranbau in frühromanischen Formen nach dem Vorbild des Treppenturms der Lorscher Torhalle zur Aufnahme der aus den Adamy-Grabungen stammenden Lorscher Funde.[60] Die Kapelle war zu diesem Zeitpunkt ein Joch kürzer und besaß eine mit Fenstern versehene »Krypta«, deren Funktion allerdings nicht mehr zu eruieren ist. Erst in den ausgehenden dreißiger Jahren wurde, verbunden mit dem Bau eines Bunkers, die Kapelle verlängert, der romanische Gang bei dieser Gelegenheit um ein weiteres Schiff vergrößert und die Krypta aufgegeben.

Die südliche Begrenzung des Hofes wurde durch die Nordwand des romanischen Gangs gebildet (Abb. 22), es folgte nach Westen die Apsis der neogotischen Kapelle, dann die Außenwand des Westflügels, hier in Renaissanceformen gestaltet, nach Osten gab es den Blick auf die Haupthalle mit ihren italienischen Reminiszenzen und im Norden fand sich die relativ schlichte, nur durch flache Pilaster gegliederte Südwand des monumentalen Nordflügels. Wie im Quadrum eines mittelalterlichen Kreuzgangs war hier der Bewuchs mit Pflanzen, Kräutern und Rosen dominant, die in rechteckigen, erhöhten Beeten angepflanzt waren. Durch die Aufstellung von Architekturfragmenten und Skulpturen wurde bewusst ein romantischer »verschwiegener« Eindruck als Gegenposition zum »städtischen« Rodensteiner Hof erzeugt. Ein Durchgang an der Ostseite des Hofes ermöglichte den Zugang zum östlichen Hof. Dieser dritte Hof ist durch die Außenfassade des südlich anschließenden römischen Gangs bestimmt. Während die drei anderen angrenzenden Fassaden schlicht gehalten sind und nur zurückhaltend auf den jeweiligen Charakter der Bauten verweisen, wurde die Außenfassade des römischen Gangs in den Proportionen, der Anordnung und dem Typ der Fenster repräsentativ gestaltet. Somit könnte dieser Hof in der Planungsintention als öffentlicher Hof vorgesehen gewesen sein, doch ist er nach bisherigem Kenntnisstand nicht für die Öffentlichkeit zugänglich

22 Gotischer Hof, um 1906, HLMD Museumsarchiv

gewesen. Zudem ist zu bedenken, dass die beiden nördlichen Höfe gleich-
zeitig die Restaurierungs und Präparationswerkstätten zu erschließen hat-
ten, die im Sockelgeschoss des Nordflügels untergebracht waren. Die beiden
Haupttore zur Anlieferung befanden sich im Westen des Gotischen und im
Osten des Römischen Hofes, so dass alle Transporte und der technische
Verkehrsweg durch diese beiden Höfe liefen.

Die große Halle

◄ 23 Eingangshalle, um 1906, HLMD
Museumsarchiv

Von allen drei Höfen aus war und ist die Architektur des in süd-nördlicher Richtung verlaufenden Mittelblocks sichtbar, der in den Formen der palladianischen Renaissance gehalten ist. Der architektonische Entwurf ist schon in den ersten Plänen Messels enthalten und nicht wesentlich im Planungs- und Bauverlauf geändert worden. Allerdings sind in den Plänen unterschiedliche Varianten für das große Treppenhaus an der Nordseite durchdekliniert. Da die Gesamthöhe der Halle von den umgebenden Bauteilen vorgegeben war, die Geschosshöhe des Nordflügels aber die Absätze der Treppe bestimmte, entstand schließlich eine etwas unglückliche Empore vor dem 1. Obergeschoss des Nordflügels, die gedrückt ausfiel und auf der Treppenseite mit den Gesimsen der Haupthalle nicht kompatibel war. Messel führte die Gesimse auf der Innenseite der Treppe nicht weiter, so dass dort die Querschnitte sichtbar werden. Hier ist deutlich, dass Messel auch bereit war, zugunsten der Qualität eines Raumes Abstriche bei der Qualität eines benachbarten zu machen, wenn dies nötig war. Das Innere ist als monumentale Eingangshalle ausgebildet, abgeleitet von den Kirchen Il Redentore und San Giorgio Maggiore von Andrea Palladio (1508–1580) in Venedig, die unter anderem auch die große Halle im Bode-Museum in Berlin von Ernst von Ihne (1848–1917) prägten. Es handelt sich zweifellos um den repräsentativsten Raum des Gebäudes mit einer stark strukturierten Raumbildung und einem überreichen Bauschmuck (Abb. 23). Es ist an keiner Stelle überliefert, welche Funktion über die Verteilerfunktion zu den einzelnen Sammlungen hinaus Alfred Messel dieser Halle zugedacht hatte.

Rudolf Adamy hatte für die Halle die Aufstellung der völkerkundlichen Sammlung vorgesehen.[61] Es ist nicht richtig nachvollziehbar, was ihn dazu bewogen haben mag, denn inhaltlich ergaben sich von dort aus keinerlei Beziehungen zu den benachbarten Sammlungen der Archäologie und des mittelalterlichen und barocken Kunsthandwerks. Allein in der Zoologie, die ja dahinter anschloss, gab es mit den tiergeographischen Gruppen Gottlieb von Kochs zumindest ein vergleichbares Ordnungsprinzip. Die Vorstellung, die Völkerkunde habe als eine universale Metaebene den Besucher empfangen und ihn dann jeweils in untergeordnete Sammlungsteile weiterleiten sollen, wäre dem 19. Jahrhundert völlig unverständlich gewesen und ist auch heute nicht richtiger geworden. Aus einer banaleren Perspektive betrachtet, konnte Rudolf Adamy aber auf diese Weise alle Sammlungen, für die er zuständig war, an prominentester, nämlich erster Stelle im Museumsneubau bündeln. Gleichzeitig war mit der Betonung der Völkerkunde ein

61 Grundriss 1893, HLMD HZ 9213.

politisch korrekter Akzent in der Hochzeit der deutschen Kolonialvereine gesetzt. Obwohl die Architektur der Eingangshalle der Aufstellung völkerkundlicher Objekte und Messels Grundprinzip, den jeweiligen Sammlungen adäquate architektonische Rahmungen zu geben, völlig zuwiderläuft, trug Alfred Messel, zunächst den Vorgaben des Sammlungsleiters folgend, in den betreffenden Grundriss hier Völkerkunde ein. Es ist nicht vorstellbar, dass Messel das ernst meinte. Friedrich Back sah 1896 sofort die Unsinnigkeit dieses Konzeptes und konnte wohl noch zu Lebzeiten Rudolf Adamys diesen davon überzeugen, die geplante Nutzung der Haupthalle für die Völkerkunde aufzugeben, zumal die meisten Objekte der völkerkundlichen Sammlung recht gleichförmige Vitrinenware sind und ihre Aufstellung daher eher konservativen Vorstellungen der Museumsgestaltung als Studiensammlung hätte folgen müssen.[62] Der Raum war in seiner Funktion als repräsentatives Entrée und als Verteiler in die unterschiedlichen Sammlungen ausgelastet, und so beschränkte man sich auf eine dekorative Ausstattung mit Skulpturen für die Nischen und eigens für diesen Zweck erworbenen Barockaltären[63] für die flachen Seitenkapellen. Auch hier setzte sich das Prinzip der Sammlungserweiterung zur Möblierung einer vorgegebenen Architektur durch. So wurde der architektonische Rückgriff auf Palladios Kirchenarchitektur noch deutlicher, hier allerdings mit der Funktion eines Verteilerraums. Alfred Messel ordnete die unterschiedlichen Sammlungen derart, dass sie jeweils in sich abgeschlossen und für die Besucher nur über diese zentrale Halle und das große Treppenhaus (Abb. 24) zu erreichen waren. Zwischen den Sammlungen waren keine direkten Verbindungen vorgesehen. So gelang Messel die Lösung der Aufgabe, vier heterogene Sammlungen unter einem Dach unterzubringen. Unter diesem Gesichtspunkt war die Haupthalle sozusagen neutrales Terrain.

Von der Verteilerhalle aus war östlich eine Raum- und Gebäudespange für die archäologischen Sammlungen vorgesehen. Westlich entsprach dieser eine Raumspange zum Thema Mittelalter und Kunsthandwerk. Nördlich ist der Eingang zur Etage der Zoologischen Sammlung angeordnet, darüber die Geologische Sammlung (Erd- und Lebensgeschichte), darüber die Gemäldegalerie und darüber, allerdings nur durch die Gemäldegalerie zu erreichen, das Graphische Kabinett. Messel schaffte es so, die einzelnen Bereiche deutlich als selbständige Sammlungen voneinander zu separieren, was auch der verwaltungstechnischen Organisation, der Geschichte und dem Charakter der Sammlungen entsprach, und sie dennoch unter einem Dach als »Großherzogliches Landesmuseum« zu vereinen. Das Sockelgeschoss war zur Aufnahme wissenschaftlicher Sammlungen bestimmt, die über eine Treppe hinter dem Bad Vilbeler Mosaik zu erreichen waren. Ein zweiter Zugang bestand in der Planung und Ausführung wahrscheinlich erst nach 1898 durch einen Treppenabgang im Südwesttreppenhaus. Durch die Planänderung für den Rodensteiner Hof und die hinzugefügte Freitreppe wurde später ein dritter Zugang geschaffen. Die Wendeltreppe unterhalb des Büdinger Erkers im Rodensteiner Hof stellte eine vierte Vertikalverbindung

62 Back, 1933, S. 193, vgl. Anm. 25.
63 Es handelt sich um zwei 1901 aus Kirn an der Nahe erworbene Retabel und ein ebenfalls 1901 erworbenes Retabel aus Heusenstamm.

24 Das große Treppenhaus in der Eingangshalle, um 1906, Foto Stadtarchiv Darmstadt

dar. Alle vier Zugänge lagen jedoch nicht im Bereich der Haupterschlie-
ßung des Museums, sondern am Rande und zeigten damit eine deutlich
unterschiedliche Wertung der prominenten Eingangsetage und des Sockelgeschosses.[64] Das Physikalische Kabinett sollte nicht mehr öffentlich ausgestellt werden und fand seinen Platz im Dachgeschoss des Westflügels, das
nur über den Büroturm im Südosten erreichbar war.[65]

Messels Idee der »gruppirten Anlage« spiegelt sich von den ersten Entwürfen an im Inneren in den beiden kulturhistorischen Spangen rechts und
links der Haupthalle, die damit architektonisch die prominentesten Räume
waren, angelegt als Stil- und Erlebnisräume. Das um die Jahrhundertwende
hochaktuelle Thema der Stilräume versuchte, unterschiedlichste Kunster-
zeugnisse einer Epoche in historisch stimmiger Architektur und Dekoration unterzubringen: Der Besucher sollte auch emotional in die passende
Stimmung zur jeweiligen Epoche versetzt werden und damit ein besseres
Verständnis für die ausgestellten Kunstwerke entwickeln. In der Reihe der
mit diesem System arbeitenden Museen vom Züricher Landesmuseum von
1899 über das Märkische Museum in Berlin von 1908 bis zu The Cloisters
in New York von 1926 nimmt das Darmstädter Museum eine frühe und
prägende Stellung ein. Charakteristisch ist in der Ausstellungsgestaltung die
Mischung von Exponaten, originalen Ausstattungsstücken, hinzuerfunde-
nen, fiktiven Elementen und historisierender Architektur.[66]

64 Entsprechend bei Back, 1908, vgl. Anm.
30, in der Einführung.
65 Back, 1908, S. 12, vgl. Anm. 30, geordnet
von Wilhelm Fischer.
66 Allgemein zu Stilräumen in Museumsbau-
ten der Jahrhundertwende siehe Benno
Schubiger: »Period rooms« als museogra-
phische Gattung: »Historische Zimmer«
in Schweizer Museen, in: Zeitschrift
für Schweizerische Archäologie und
Kunstgeschichte, Bd. 66, H. 2 + 3 (2009),
S. 81–111.

Ein Rundgang
durch die Stilräume

◄ 25 Bad Vilbeler Mosaik, Blick in die
Apsis, nach 1906, HLMD Museumsarchiv

Der Rundgang durch die Suite der Stilräume des Darmstädter Landesmuseums stellte sich folgendermaßen dar: Vom Vestibül aus, in dem in zwei Nischen nach Süden Garderobe und Kasse untergebracht waren,[67] betrat der Besucher rechts den großen Saal im Südostflügel, den späteren Renaissancesaal. Der Raum war zunächst für die Aufstellung von Rudolf Adamys Vor- und Frühgeschichte vorgesehen. Wie bei der Völkerkunde dachte Adamy auch hier nicht an eine Inszenierung, sondern an eine konventionelle, der wissenschaftlichen Systematik folgende Vitrinenpräsentation.[68] Auch hier harmonierte der verortete Inhalt nicht mit der Architektur. Die südliche Fensterwand vermittelte den Eindruck des Innenraums eines Saales in einem Renaissanceschloss. Die vor- und frühgeschichtlichen, meistens metallischen oder keramischen und kleinformatigen Ausstellungstücke sollten viel Licht erhalten. Wahrscheinlich wurden deshalb zusätzlich zu den großen Rechteckfenstern mit darüberliegenden Okuli in der Südwand des Saales auch Okuli in der Nordwand geplant. Der Baufortschritt muss schon bis zur Realisierung dieser Okuli gediehen gewesen sein, als 1898 Friedrich Back die Nutzung das Saales veränderte. Er verbannte die Vor- und Frühgeschichte zu den Studiensammlungen in das Sockelgeschoss und bestimmte den Saal zu einem Stilraum für Renaissance und Barock. So weit scheint zwischen Alfred Messel und Friedrich Back Einvernehmen geherrscht zu haben, da inhaltlich beide Stilrichtungen ja auf die Kunst der Antike zurückgriffen und somit keinen direkten Gegensatz zu den nördlich anschließenden Räumen der Antike bildeten. Bei Messel lag jedoch der Schwerpunkt auf Renaissance, bei Back aus der Kenntnis der vorhandenen Sammlungsbestände heraus eher auf Barock. Während die äußere Türrahmung zum Vestibül hin, den Architekturformen dieses Vorraums entsprechend, barock gestaltet war, wurden im Innern das Türgewände und die Decke mit von Messel entworfenen schweren Renaissanceornamenten geschmückt.[69]

Als originale Schauobjekte waren Barockgemälde, Möbel und Kunsthandwerk vor einer textilen Wandbespannung wie in den Repräsentationsräumen eines englischen Schlosses arrangiert (Abb. 26).[70] Dabei dienten Kommoden und Tische aus Renaissance und Barock als Träger für die kunsthandwerklichen Objekte. Die Möbel entstammten entweder aus dem historischen Bestand des Museums, wurden eigens für diesen Zweck angekauft[71], oder von Messel in historisch angeglichenen Formen gestaltet. Darauf befanden sich große Glasstürze zum Schutz berührungsempfindlicher Objekte[72] oder Stellagen, die im Stil der Kunstkammern Objektgrup-

67 Messel, 1893, (S. 2), vgl. Anm. 28.
68 Back, 1933, S. 193, vgl. Anm. 25. Haupt, 1926, S. 262, vgl. Anm. 43.
69 Back, 1909, S. 72, vgl. Anm. 23, da keine Renaissancedecke in diesem Format käuflich zu erwerben war. Für die äußere Türrahmung erwarb Back 1916 zwei adorierende Engel, die ohne Zielpunkt ihrer Anbetung zwar stilistisch korrekt, funktional aber deplaziert wirkten.
70 Back, 1909, S. 77 f., vgl. Anm. 23.
71 Back, 1933, S. 195 f., vgl. Anm. 25.
72 Wobei Back die Problematik solch großer Glasstürze bewusst war. Back, 1909, S. 75, vgl. Anm. 23.

26 Renaissancesaal, um 1930, HLMD
Museumsarchiv

pen wie die großformatigen Limousiner Emails[73] präsentierten. Als *point de
vue* diente beim Betreten des Saals der Westfälische Landständepokal[74] aus
dem Jahr 1667.

Ganz in der Intention Messels bot der nördlich angrenzende Raum
einen anderen Charakter. Durch zwei Türöffnungen mit Werksteinrah-
mung gelangte man in das Peristyl eines römischen Hauses. Das Bad Vilbeler Mosaik, eines der bedeutendsten römischen Mosaike nördlich der
Alpen und 1849 ins Museum gelangt,[75] war unter einem Walmdach aus
Klarglas hell beleuchtet im Zentrum, umgeben von einer Kolonnade aus
antikisierenden Säulen, die einen Architrav mit Triglyphen und Metopen
trugen und einen dunkleren Raumbereich abgrenzten. In die Seitenwände
waren flache Wandvitrinen zur Aufnahme römischer Kleinfunde integriert.
Weitere Objekte waren in lockerer Folge im Raum auf Sockeln, auf dem
Mosaik und auf dem halbrunden Abschluss der Apsis verteilt (Abb. 25).
Die Wände waren mit einer im pompejanischen Stil ausgeführten Malerei bedeckt, die über einem Sockel rechteckige Wandfelder zeigte und über
den Türen Supraporten mit Stillleben aufwies. Die ebenfalls von oben hell
beleuchtete Apsis wurde von einer Treppe umfangen, die ins Sockelgeschoss
hinab führte. Zwei Türöffnungen und ein römischer Pfeilerportikus leiteten
nach Norden in den römischen Gang über, eine weitere in das Foyer. Somit
mündeten sechs Türen in den Umgang um das Mosaik, was dem Charakter eines römischen Peristyls als Verteilerzone zu den angrenzenden Zonen
entsprach. Gleichzeitig wurde so eine optische Verbindung innerhalb der
gesamten südöstlichen Spange geschaffen, die Durchblicke vom Renais-

73 Von Friedrich Back 1925 abgegeben im
   Tausch gegen eine Marienfigur des 15.
   Jahrhunderts aus Worms.
74 HLMD Inv. Nr. Kg 52:60.
75 HLMD Inv. Nr. I.c.1.

sancesaal bis zum römischen Gang bot. Alfred Messel hatte den rekonstruierten Raum im Stil eines Pompejanums von Anfang an in seinen Entwürfen vorgeschlagen. Das auch im Residenzschloss schon prominent im südlichen Mittelrisalit präsentierte Mosaik hatte als Bauteil eine eindrückliche Einladung zur Komplettierung der umgebenden Architektur dargestellt und war sicherlich von Rudolf Adamy als eines der Hauptwerke des Museums bei Messel eingeführt worden. Was Messel hier und im nördlich angrenzenden Raum zur Vollendung seines intendierten Raumeindrucks fehlte, war die klassisch antike Großskulptur, die aufgrund der Geschichte der Sammlung in Darmstadt nicht verfügbar war und aus Finanzgründen jetzt nicht mehr beschafft werden konnte. Messel versuchte dies im »Gipssaal« zu kompensieren. So hatte man sich hier mit Amphoren, Altarsteinen und Fragmenten zu behelfen.

Der römische Gang war durch drei pseudorömische Portici gegliedert und wurde durch eine Reihe von Thermenfenstern, die nach Norden wiesen, erhellt. Nach Westen führte der erste Portikus offen in die Haupthalle zurück und bot einen Blick in den gegenüberliegenden romanischen Gang. Der römische Gang (Abb. 27) wurde von einem längsgerichteten flachen Tonnengewölbe im zentralen Bereich überfangen, die beiden seitlichen Bereiche jeweils von einer querliegenden flachen Tonne. Während die Architektur eindeutig die römische Spätantike thematisierte und Rudolf Adamy hier die Ausstellung weiterer Fundstücke der Antike vorgesehen hatte, änderte Back auch hier grundlegend das Ausstellungskonzept. Nach seiner Entscheidung die Vor- und Frühgeschichte im Sockelgeschoss als Studiensammlung zu präsentieren und nur herausragende Stücke in der eigentlichen Schausammlung zu belassen, fand er hier dafür den nötigen Platz, da auch die Antike mittels der gleichen Kriterien erheblich ausgedünnt worden war. Messel änderte die Architektur jedoch nicht, zu bedeutsam schien ihm die architektonische Formensprache als Hinführung zum »Gipssaal«. Back hingegen, der ansonsten Messels Prinzip der Übereinstimmung von Sammlung und Architektur folgte, erklärte im Nachhinein lapidar, dass es doch ganz anschaulich wirke.[76] Daraus eine gewisse Parteilichkeit Backs in Bezug auf die archäologischen Sammlungen zu schließen, ist sicherlich nicht völlig abwegig.

Peristylhaus und Gang waren ursprünglich für die Aufstellung der römischen Originale vorgesehen. Nach Osten schloss sich ein monumentaler Gewölbesaal an, der bis 1916 zur Aufstellung der Gipsabgüsse klassischer Skulpturen diente. Entsprechend dem Charakter dieser Sammlung war die Aufstellung der Gipse und die Lichtführung an den Bedürfnissen zeichnender Studenten ausgerichtet und der Saal durch eine Tür vom eigentlichen Museumsrundgang zu trennen. Messel hat den Saal von Beginn an als einen der repräsentativsten Säle des Museums geplant und auf ihn große Sorgfalt verwendet. Weder Rudolf Adamy noch Friedrich Back können dabei die treibenden Motoren gewesen sein, denn beiden Fachleuten war klar, dass angesichts der immer perfekter werdenden Fotografie und der leichteren Reisemöglichkeiten eine solche Sammlung eigentlich in einem modernen Museum überholt war.[77] Auch Großherzog Ernst Ludwig scheint nicht speziell auf diesem Saal bestanden zu haben, denn er wurde als Geschenk zum Geburtstag des Fürsten bereits 1917 umfunktioniert.[78] So scheint gerade dieser Saal, unabhängig von seiner Sinnhaftigkeit, für Messel eine zentrale Bedeutung für seinen Entwurf gehabt zu haben.[79] Obwohl eine Zeichnung Messels für eine Ausmalung der Gewölbe erhalten ist,[80] entschied er sich schließlich für eine Lösung, die ganz auf die Wirkung des Lichts setzt. Der Saal ist durch eine Folge großer Fenster nach Osten und Westen lichtdurchflutet. Die nicht weiter geschmückten Gewölbe reflektierten das Licht auf die schneeweißen Gipsskulpturen (Abb. 28). Diese waren auf drehbaren Sockeln aufgestellt, so dass sie zusätzlich »ins rechte Licht« gedreht werden konnten. Ungeachtet der Tatsache, dass sowohl die Malschule des Museums, die Studenten der Architektur an der hauptstädtischen Hochschule und die Fachwissenschaftler dem inhaltlich nicht mehr viel abgewinnen konnten, bestand Messel offenbar auf dieser Adaption der Vatikanischen Museen in der Hoffnung, der überwältigende, durch dorische Säulenpaare gegliederte Raum würde seinen Eindruck auf das Publikum nicht verfehlen. Deutlicher hat sich der Architekt gegenüber den Museumsleuten an keiner Stelle im Darmstädter Museumsneubau durchgesetzt.

Auf der Westseite war Alfred Messel konzilianter. Friedrich Back hatte den romanischen Kreuzgang als Pendant zum Perystilhaus des Bad Vilbeler Mosaiks abgelehnt, da ihm erstens die geplanten Räume für die auszustellenden Objekte zu klein erschienen, sie zweitens nicht in der gewünschten

76 Back, 1909, S. 67, vgl. Anm. 23.
77 Back, 1908, S. III im Vorwort, vgl. Anm. 30, erklärt in seinem Führer: »Die Sammlung der Gipsabgüsse, die auch für das engere Gebiet der Antike äußerst lückenhaft ist, mußte außer Betracht gelassen werden.« 1909 und 1933 erwähnt er sie noch nicht einmal.
78 Die Sammlung ist bis auf den Torso von Belvedere nicht erhalten. 1916 wurde sie ins Untergeschoss verlagert und zwar in den Heizungskeller, der danach den Namen Gipskeller erhielt. In den ehemaligen Gipssaal brachte Back eine eigens von ihm zusammengekaufte Sammlung von großen Barockfiguren, darunter den Mönchhofer Altar. Große Barockskulptur war bis dahin gar nicht im Museum vertreten gewesen, wurde aber mit der immer stärkeren Betonung des mittelrheinischen Schwerpunkts von Back als unbedingt erforderlich für das Konzept des Museums angesehen. 1917 wurde zum Geburtstag des Großherzogs der neue Barocksaal eingeweiht. Vgl. Friedrich Back: Das Landesmuseum, in: Kunst und Leben im Darmstadt von heute, hrsg. v. Bürgermeister Mueller, Darmstadt 1925, S. 151–159, hier S. 151.
79 Eine vergleichbare Begeisterung für monumentale, an die Antike angelehnte Raumerfindungen findet sich in den Entwürfen Messels für den Wettbewerb zu einer Weltausstellung auf dem Tempelhofer Feld in Berlin 1881, für den Schinkel-Wettbewerb Berliner Museumsinsel 1882 sowie für das Pergamonmuseum 1907.
80 Architekturmuseum der Technischen Universität Berlin, Inv. Nr. 13434.

28 Gipssaal, westliche Achse nach Norden, um 1906, HLMD Museumsarchiv

Weise konkret die abzuhandelnden Stile repräsentierten und drittens nicht genügend Licht[81] für die romanische Kleinkunst boten. Back, in mittelalterlichen und späteren Zeiträumen durchaus engagierter und sattelfester als in der Antike, deklinierte Messel die Abfolge der europäischen Kunststile sowie der dazu benötigten Architektursprache vor. Alfred Messel folgte ihm und änderte wie gewünscht die Architektur dieses Teils des Museums radikal. Der Rodensteiner Hof entstand und symmetrisch zum römischen Gang erschloss auf der anderen Seite der Eingangshalle ein romanischer Gang die Mittelalteralterspange. Für die Klarheit der Ordnung der Sammlungen war dieser Einschnitt Backs ein Gewinn. Der romanische Gang war überwölbt, besaß zwei Biforienfenster nach Süden und eins nach Norden und diente zur Aufnahme der bedeutenden Schatzkammer des Mittelalters mit Arbeiten aus Elfenbein, Email und Metall. Er bot nach Osten den Blick zurück in den römischen Gang und nach Westen den Durchblick zur gotischen Kapelle. So waren die Epochen sichtbar chronologisch geordnet.

81 Back, 1933, S. 194 f., vgl. Anm. 25, unter Bezugnahme auf Otto von Falke.

29 Romanischer Gang mit Aufstellung der romanischen Schatzkunst, nach 1906, HLMD Museumsarchiv

Bei der weiteren Betrachtung ist von Bedeutung, dass sich in dieser Zeit die Aufgabe des Architekten nicht in der Erstellung der Gebäudehülle erschöpfte. Weit in die Bereiche hinein, die heute einem Innenarchitekten oder Szenographen vorbehalten wären, ging der Auftrag des Entwerfens. Das begann bei der raumentsprechenden Gestaltung von Türblättern, Klinken, Schlössern, Lüftungsauslässen und Heizungsgittern und endete bei der individuellen Gestaltung von Vitrinen, Sockeln und Stellagen. Gerade bei der letzteren Gruppe hatte Friedrich Back die Möglichkeit, seine Vorstellungen zur Geltung zu bringen. Im Bereich des mittelalterlichen Kunsthandwerks im romanischen Gang wird das besonders deutlich. Back ging von der Notwendigkeit aus, diese Objekte nahsichtig betrachten zu können. Er differenzierte zudem zwischen den Objekten, die nur eine Schauseite aufwiesen, und denen, die allansichtig waren. Daraus entwickelte sich im Diskurs zwischen Back und Messel eine Vitrinenform, die ausgehend von einer Pultform für einansichtige Objekte darauf einen Aufsatz für die allansichtigen Stücke vorsah. Messel ließ eigens, um eine optisch störende Rahmung zu vermeiden, dafür Glasscheiben mit dem erforderlichen Winkel herstellen[82] und gestaltete die tragenden Sockel nach dem ihm von Back präsentierten Vorbild der Kathedra in Ravenna (Abb. 29).[83]

Neben der Präsentation des mittelalterlichen Kunsthandwerks war der romanische Gang für die Ausstellung der zu diesem Zeitpunkt noch sehr viel weniger umfangreichen Sammlung an mittelalterlichen Glasmalereien vorgesehen, die zuvor im Residenzschloss als Vorhängescheiben einfach innen vor die vorhandenen Fenster gehängt worden waren. Hier achtete Back nun darauf, dass die Sprossengliederung der Fenster nicht wie im Schloss die Glasmalereien durchschnitt. Die Glasmalereien waren wie eine mittel-

82 Back, 1909, S. 76, vgl. Anm. 23.
83 Back, 1933, S. 195, vgl. Anm. 25.

30 Kapelle, nach 1906, HLMD Museumsarchiv

alterliche Verglasung in die Fensteröffnungen eingebaut, jedoch nach außen durch eine zusätzliche Schutzverglasung vor der Witterung geschützt.[84] Zur Nordseite hin wurde am romanischen Gang, der an die Architektur der Zeit um 1200 erinnern sollte, ein Erker in noch früheren Formen angebaut, der karolingische Architektur aufgriff. Vorbild des über zwei Etagen reichenden Gebildes waren wohl die Treppentürme der Lorscher Torhalle. Mit der früh- und hochromanischen Stimmung knüpfte der romanische Gang nach Backs Intervention an die gegenüberliegende Antike an; wie der römische Gang war er offen, nur durch ein von Messel gestaltetes neoromanisches Gitter vom Luftraum der Haupthalle getrennt. Hier wurde die Idee einer zeitlichen Ordnung deutlich. Somit diente der in die gotische Kapelle führende romanische Gang zugleich dem chronologischen Voranschreiten in der Kunstgeschichte.[85]

Die Kapelle (Abb. 30) bestand zunächst aus einer Apsis, einem einjochigen Schiff mit Kreuzrippengewölbe und einem Vorraum mit Netzgewölbe. Der Boden des Schiffes war um mehrere Stufen abgesenkt, so dass die Apsis erhöht erschien. Der Kunstgriff mit verschiedenen Bodenniveaus zur Raumstrukturierung wurde von Messel ein weiteres Mal im Untergeschoss zwischen dem Rodensteiner und dem Gotischen Hof angewandt, ebenso innerhalb des Gotischen Hofes. Die Kapelle diente zur Aufnahme mittelalterlicher Skulpturen einschließlich des monumentalen Bogens aus dem Kloster Brauweiler (1160) an der Westwand der Kapelle, des Taufbeckens aus Bingen (1450/60) sowie von Glasmalereien wie dem typologischen Zyklus aus Wimpfen (1278). Für letzteren wurden speziell die Fenster der Apsis proportioniert. Dennoch konnte in der Kapellenarchitektur nicht die von den Wimpfener Scheiben benötigte Schlankheit der Lanzetten erreicht werden. Back musste die Wimpfener Scheiben seitlich mit einem neutralen Glas verbreitern lassen, um die Fensteröffnungen füllen zu können.[86] Das zentrale Ausstellungsobjekt war die Madonna von Hallein, eine monumentale Marienfigur des Weiches Stils von 1430,[87] die, von einem Altar begleitet, deutlich machte, dass hier die Atmosphäre eines mittelalterlichen Sakralraums beabsichtigt war. Die atmosphärische Dichte der aneinandergrenzenden unterschiedlichen Gewölbe wurde Ende der dreißiger Jahre durch die Hinzufügung eines weiteren Kirchenjochs weitgehend aufgehoben.[88] Alfred Messel und Friedrich Back gelang es jedoch, nur die unbedingt notwendigen Zutaten zur Erzeugung einer Stimmung einzusetzen und auf überflüssige Details, die ein Abgleiten ins Kitschige zur Folge gehabt hätten, zu verzichten. Spektakuläre und inhaltlich sinnvolle Durchblicke, die sowohl Messel als auch Back zur Steigerung des Besucherinteresses und auch im Sinne der Besucherführung einsetzte, gab es auch in der Kapelle. Südlich erblickte der Besucher einen von Rüstungen umgebenen Pfeiler des Waffensaals, wobei die unterschiedlichen Lichtsituationen in Kapelle und Waffensaal geschickt zur Zuspitzung der atmosphärischen Wirkung genutzt wurden (Abb. 31).

Nach Westen durchschritt der Besucher nun den Brauweiler Bogen und erreichte eine Suite von Stilräumen, die der Renaissance und dem Barock

84 Back, 1909, S. 70–72, vgl. Anm. 23.

85 Auch Ludwig Hoffmann hatte in sein Märkisches Museum einen neogotischen Kirchenbau integriert, der allerdings nach außen hin, zum Köllnischen Park, seine Wirkung entfalten konnte.

86 Back, 1909, S. 71, vgl. Anm. 23.

87 1937 im Tausch gegen die Wormser Tafeln abgegeben und im Zweiten Weltkrieg zerstört. Vgl. Moritz Woelk: Bildwerke vom 9. bis zum 16. Jahrhundert aus Stein, Holz und Ton im Hessischen Landesmuseum Darmstadt, Berlin 1999, S. 502, Nr. V 32 (Inv. Nr. Pl 06:01).

88 Die Apsis wurde zur Erweiterung des Schiffes abgetragen und weiter nördlich wieder aufgebaut.

31 Durchblick von der Kapelle nach Süden zum Waffensaal, um 1906, Foto Stadtarchiv Darmstadt

gewidmet waren. Sowohl Alfred Messel als auch Friedrich Back waren der Ansicht, dass das Kunsthandwerk dieser Epochen am besten in einer zeitlich passenden Raumausstattung zu präsentieren sei.[89] Dabei wurde von beiden einer originalen Raumausstattung deutlich der Vorzug gegenüber einer neu geschaffenen, historisierenden gegeben. Da im Darmstädter Bestand so gut wie nichts Diesbezügliches aufzutreiben war, begab sich Back auf eine Aquisitionsreise. In diesen Räumen wird das Primat der Ausstellungskonzeption vor den vorhandenen Beständen besonders deutlich. Die Einbringung origi- naler Raumausstattungen, die auch Großherzog Ernst Ludwig nachdrück- lich vertrat,[90] schien für alle Beteiligten so zentral für die Konzeption des Landesmuseums zu sein, dass die Realisierung bereits feststand, ehe man wusste, welche historischen Decken- und Wandverkleidungen Back auf sei- ner Reise würde erwerben können, woraus sich dann ja erst die Themen der Stilräume ergaben. Back wurde also mit den bereits feststehenden Maßen der fraglichen Räume und einem großzügig bemessenen Erwerbungsetat ausgestattet losgeschickt.[91] Das Darmstädter Landesmuseum war mit dieser Aktion spät dran.[92] Im Großherzogtum Hessen war nach Backs Einschät- zung nichts mehr zu erwerben, was in Qualität und ungefähr Zeitstellung den Ansprüchen des Museums genügte,[93] er wusste aber, dass das Züricher Landesmuseum kurz zuvor erfolgreich auf dieselbe Weise seine eigenen Stil- räume möblieren konnte. So führte ihn seine Reise zunächst zu seinem Kol- legen in Zürich, der ihm für die Schweiz keine Hoffnung machte und den Konkurrenten nach Italien weiterzuleiten und damit von seinem eigenen

89 Siehe Anm. 66.
90 Back, 1909, S. 63, vgl. Anm. 23. Back, 1933, S. 195, vgl. Anm. 25.
91 Back, 1933, S. 196, vgl. Anm. 25.
92 In Deutschland und der Schweiz wurden bereits seit den 1860er Jahren in zahlrei- chen Museen Stilräume eingerichtet und dafür Zimmerausstattungen gesammelt, so für das 1867 eröffnete Bayerische Nationalmuseum in München, ab 1883 im Germanischen Nationalmuseum in Nürnberg durch August Essenwein, 1894 in Basel und kurz darauf im Kunstgewer- bemuseum in Berlin, was den berühmten »Berliner Museumsstreit« zwischen Julius Lessing und Wilhelm von Bode auslöste. Vgl. Schubiger, 2009, S. 90, 92 f., vgl. Anm. 66.
93 Back, 1933, S. 195, vgl. Anm. 25.

Beutebereich fernzuhalten suchte.[94] Im Süden angekommen, gelang es Back aber schnell, in die »Szene« von Restauratoren, Zimmerleuten, Agenten und Kunsthändlern vorzudringen. So kam er zu den gewünschten Kontakten, er wurde weitervermittelt, und innerhalb kurzer Zeit war von Italien über die Schweiz bis Süddeutschland eine ganze Reihe von Personen mit der Suche nach passenden Ausstattungstücken für das Museum beschäftigt.[95] Back gelang es zu teilweise unglaublich günstigen Konditionen, Deckenvertäfelungen, Wandverkleidungen, ganze Zimmer, Türrahmungen, Kaminrahmungen, Truhen und Möbel, die in die vorhandenen Raumkubaturen passten, zu erwerben und die Genehmigungen für die Ausfuhr dieser Dinge nach Deutschland zu erhalten.[96]

Aus dem so erworbenen Bestand resultierten dann die Themen der Stilräume im Westflügel. Den Auftakt bildete ein »Italienisches Zimmer« mit der in Florenz erworbenen Decke aus dem Palazzo Medici-Pandolfini, einer in Oberitalien erworbenen Renaissance-Türfassung aus Rosso di Verona, ebenfalls eigens erworbenen Kassettentruhen aus Italien und den bereits vorhandenen Majolikareliefs aus der Werkstatt von Andrea und Lucca della Robbia in Florenz (Abb. 32).[97] Für die Wände wurde eine textile Wandbespannung als passend angesehen. In diesem Raum war auch das Gemälde Domenichinos von 1603 (Inv. Nr. GK 104) ausgestellt. Nach Norden schloss das Nürnberger Zimmer an, benannt nach einer im süddeutschen Kunsthandel erworbenen Wandvertäfelung des 17. Jahrhunderts aus dem Schloss der Nürnberger Patrizierfamilie Imhoff.[98] Durch einen kleinen Gang gelangte der Besucher in das Chiavennazimmer (Abb. 33), eine vollständig erhaltene Raumausstattung des 16. Jahrhunderts aus dem Palazzo der Familie Pestalozzi in Chiavenna.[99] Hier sollte das hochwertige Kunsthandwerk des 16. Jahrhunderts seinen Platz finden. Auf der anderen Seite des Italienischen Zimmers schloss ein Saal an, für den Back keine historische Wandverkleidung gefunden hatte. Er wurde mit Hilfe vorhandener Bestände den zahlreichen Objekten gewidmet, die aus Friedberg 1878 in das Museum gekommen waren: dem kleinen Friedberger Altar, dem Friedberger Sakristeischrank, den Skulpturen und den Schatzstücken aus dieser Kirche, darüber hinaus aber auch der allgemeinen Schatzkunst und Skulptur der Gotik. Während die von Messel ausgewählten Bodenbeläge der einzelnen Stilräume sich genau dem Stil der mitgebrachten Raumverkleidungen anpassten, wurde die Bestückung mit Objekten durchaus großzügiger in Bezug auf Stilstufe und geographischer Herkunft gehandhabt. Dies zeigt, dass auch die originalen Vertäfelungen und Decken vorrangig zur Erzeugung einer atmosphärischen, nicht einer kunsthistorischen Stimmigkeit dienten. Der Raumeindruck war jeweils auf den einzelnen Stilraum konzentriert und Durchblicke zu den benachbarten, durch kleinere Türen zu erreichende Räume nicht akzentuiert. Der aufgrund der Zufälligkeit der Erwerbung heterogene Charakter der Stilräume ließ auch eine gleichzeitige Wahrnehmung ästhetisch nicht zu.

Über das mit Bildern ausgestattete Südwesttreppenhaus, das von Messel in der Deckengestaltung und durch eine große gusseiserne Laterne in räum-

94 Back, 1933, S. 196f., vgl. Anm. 25.
95 Lebhaft schilderte Friedrich Back seine teilweise abenteuerlichen Erlebnisse in seinen Erinnerungen: Back, 1933, S. 197–202, vgl. Anm. 25.
96 Back, 1933, S. 202–203, vgl. Anm. 25.
97 Im Zweiten Weltkrieg schwer beschädigt, die Reste heute magaziniert.
98 Back, 1933, S. 196, vgl. Anm. 25. Das Nürnberger Zimmer wurde erst 1960 aufgelöst.
99 Inv. Nr. Kg 01:15. Vgl. Back, 1933, S. 201–203, vgl. Anm. 25. Andrea Huber: Das Chiavenna-Zimmer im Hessischen Landesmuseum Darmstadt, in: KHM 30 (1990) S. 31–67.

lichem Zusammenhang mit dem Waffensaal gebracht worden war, konnte
der Besucher das Obergeschoss des Westflügels erreichen, in dem sich die
Folge der Stilräume fortsetzte. Den Auftakt bildete das Eppanzimmer, für
das Back eine Decke von 1480 in Eppan in Tirol gekauft hatte. Es war ausgestattet mit Möbeln, Skulpturen und Gemälden, die zwar der gleichen Zeit,
aber unterschiedlichen Regionen, zum Beispiel Köln, entstammten. Dann
folgte eine weitere vollständige Zimmerausstattung aus dem Jahr 1625, die
Back in Laax in Graubünden erwerben konnte. Den nördlichen Abschluss
bildeten zwei Räume, die dem Kunsthandwerk des 18. Jahrhunderts gewidmet waren.

Alle Stilräume waren auf jeweils ein Jahrhundert inhaltlich ausgerichtet,
doch waren sie aufgrund der eher zufälligen Erwerbungen Backs, die nur
in bestimmte, bereits existente Räume passten, nicht in eine chronologi-

sche Reihenfolge zu bringen. Das Italienische Zimmer war zudem regional bestückt, die anderen durchmischt, wenn auch das Streben um geographische Ordnung unverkennbar ist. Bei allen Bemühungen, stilistisch stimmige Ensembles zusammenzukaufen, konnte das in den Jahren um die Jahrhundertwende nur noch in Ansätzen gelingen. Zudem waren die alten, qualitätvollen Bestände, die aufgrund der Geschichte des Museums auch regionale Schwerpunkte hatten,[100] ja da und konnten hier zumindest im zeitlich stimmigen Ambiente präsentiert werden.

Von der oberen Etage der Stilräume aus ließ sich ein Altan betreten, der einen Blick in den nördlich anschließenden Waffensaal gewährte. Der Besucher schritt nun die große Treppe in der Südwestecke des Museums wieder hinab und konnte nun entweder durch das Friedberger Zimmer zurückgehen, eine weitere Treppe in das Sockelgeschoss zu den Studiensammlungen

100 So die Renaissance- und Barockglasma-
     lereien, die größtenteils aus Straßburg
     oder der Schweiz stammten.

hinabgehen oder durch den Waffensaal in die große Haupthalle zurückkehren. Die Treppe in das Sockelgeschoss im Südwesten war in den letzten Entwurfsplänen Messels noch nicht vorgesehen, sie wurde im Laufe der Ausführungsplanung oder der Ausführung hinzugefügt, um die Studiensammlung besser zu erschließen.[101] Der Waffensaal (Abb. 34) bildete das westliche Pendant zum sogenannten Renaissancesaal im Osten des Südflügels. Er war durch eine Bogenstellung mit Zugankern, entsprechender Bauornamentik an Türgewänden, Fenstern und Bodenfliesen als spätgotische Waffenhalle gestaltet und nahm neben den Beständen der in Darmstadt gesammelten Zeughäuser aus Köln, Gießen und Darmstadt auch Skulpturen und Glasmalereien auf, die Ritter zeigten. Als Appendix des Raums war das Innere des Büdinger Erkers, der mit Butzenscheiben verglast war, von hier aus sichtbar und betretbar. Neben den Rüstungen und Waffen prägten vor allem die Fahnen der hessischen Regimenter diesen Raum, die an Stangen quer über die Zuganker gelegt worden waren. Für Back stellte sich das Problem, dass der Erhaltungszustand der Regimentsfahnen eine hängende Präsentation eigentlich ausschloss. Nach dem Vorbild des Züricher Landesmuseums ließ er daher die Fahnen mit einer fast durchsichtigen Gaze umhüllen, um sie dennoch ausstellen zu können. Das Ausstellungskonzept dieses Raumes, der von Messel schon früh in Zusammenarbeit mit Rudolf Adamy festgelegt wurde, orientierte sich eng am Erscheinungsbild englischer *armory halls* und war von Messel aus architektonischen Gründen auch durch alle Entwurfsstadien verteidigt worden. Friedrich Back sah darin einen weiteren »Stilraum«, dem er somit positiv gegenüberstand. Der Paradigmenwechsel von chronologisch und partiell kunstgeographisch ausgerichteten Stilräumen zu einem inhaltlich, aus der Funktion der Objekte abgeleiteten Raum, der zudem einen bestimmten Sammlungstypus repräsentierte, scheint für Back kein Problem gewesen zu sein. Zur »Dekoration« des Waffensaals und des angrenzenden südwestlichen Treppenhauses ließ er sogar die besseren skulpturalen Teile des Offenbacher Schlosses, die aus der Renaissance stammen und Wappen sowie Allegorien zeigen, nach Darmstadt verbringen und in die Wände einmauern, obwohl sie inhaltlich mit dem Thema des Waffensaals nichts zu tun hatten.[102]

Unter Einbeziehung all der inhaltlichen und konzeptionellen Brüche, die die kulturhistorischen Spangen im Ost- und Westflügel des Hauptgeschosses prägten und letztlich aus dem Wechsel der Verantwortlichkeit von Rudolf Adamy zu Friedrich Back resultierten, ist es Alfred Messel und Friedrich Back doch gelungen, ihr Hauptanliegen zu realisieren: einen Rundgang zu schaffen, der durch immer neue und wechselnde Raumeindrücke den Besucher stets in überraschende, in sich atmosphärisch stimmige eigene Welten versetzte. Dies machte einen Großteil der Faszination aus, die das Museum nach seiner Eröffnung auf das Publikum und die Fachwelt ausübte. Backs Anteil daran war die Bereitschaft, dem Effekt zuliebe kunsthistorische Ordnungsprinzipien und die Beschränkung auf den Bestand über Jahrhunderte gewachsener Sammlungen nicht stringent zu verfolgen, sondern, wo benö-

101 Back, 1908, S. 57, vgl. Anm. 30.

102 Manfred Fath: Katalog der Architekturfragmente im Hessischen Landesmuseum in Darmstadt, in: KHM 10 (1970), S. 113–137, hier S. 125. Beeh, 1974, S. 143–149, vgl. Anm. 57.

103 Die Struktur des Führers durch die kunst- und historischen Sammlungen aus dem Jahr 1908 von Friedrich Back folgt einer chronologisch angelegten Kunstgeschichte. In diesem Zusammenhang werden die Stilräume des Westflügels kurzerhand unter der Überschrift »Renaissance« abgehandelt, obwohl diese den Zeitraum von der Gotik bis zum Rokoko umfassten.

104 Friedrich Back: Mittelrheinische Kunst, Beiträge zur Geschichte der Malerei und Plastik im 14. und 15. Jahrhundert, Frankfurt 1910. Friedrich Back: Ein Jahrtausend künstlerischer Kultur am Mittelrhein, Darmstadt 1932. Back organisierte auch die erste große Ausstellung des Museums 1927 zu dem Thema »Alte Kunst am Mittelrhein«.

105 Backs Definition des Mittelrheins war allerdings ziemlich großzügig und schloss neben fast dem kompletten Rheinlauf auch Teile Frankens, Schwabens und Bayerns ein.

106 Die Firma Ferdinand Paul Krüger, Kunstschmiede in der Yorkstr. 59 in Berlin, warb mit Fotografien (vgl. S. 34) der »Kunstschmiede-Arbeit für das Landesmuseum Darmstadt nach Entwürfen des Herrn Professor A. Messel, Berlin« für ihre Produkte. Die Fotografien zeigen zahlreiche Heizungs- und Lüftungsgitter, Türbeschläge und Schlösser. Während diese Produkte durchgehend in historischen Formen gehalten sind, wurden für das Eingangsportal und den Zugang zur Gemäldegalerie auch modernere Türgriffe durch den Berliner Bildhauer August Gaul (1869–1921), mit dem Messel bei verschiedenen Projekten zusammenarbeitete, gestaltet.

34 Waffensaal, Blick nach Westen, Foto Stadtarchiv Darmstadt

tigt, hinzuzukaufen und in der Anordnung auch Objekte rein dekorativ zu verteilen. Zu bemerken ist jedoch, dass sich das ausschließlich auf die Räume der von Adamy übernommenen kulturhistorischen Spange ausgewirkt hat und nicht auf die Gemäldegalerie oder die Studiensammlungen. Mit Eröffnung des Museums 1906 gewann die kunsthistorische Betrachtungsweise bei Friedrich Back schnell wieder die Oberhand.[103] Seinen Forschungen und seinem Postulat einer mittelrheinischen Kunst[104] folgte bald auch die Ausrichtung der Sammlungstätigkeit und der Ausstellungsbereiche auf das Prinzip eines Zentralmuseums für das Großherzogtum Hessen.[105] Alfred Messels Anteil ist dagegen neben der grundsätzlichen architektonischen Disposition darin zu sehen, für jeden Raum individuelle Lösungen für Stellagen, Vitrinen, Türen, Fußböden und Decken zu entwickeln.[106] Dieser sicherlich für die Besucher spektakulärste Teil des Museums, war aber nur ein kleiner Bereich der ausgestellten Sammlungen. Die anderen wurden von beiden eher konventionell angegangen.

Die Studiensammlungen

Back hatte bei der Übernahme der Sammlungen Adamys ein wohl aus Berlin von Wilhelm von Bode mitgebrachtes Prinzip zur Anwendung gebracht, das die Trennung der Sammlungen in Teile von allgemeinem öffentlichem Interesse und eher für den Fachwissenschaftler interessante Spezial- und Massensammlungen vorsah. Wohlgemerkt, Back konnte dieses Prinzip nur innerhalb seiner Zuständigkeit anwenden, in den naturhistorischen Sammlungen galt noch lange die Gleichsetzung von wissenschaftlichem Lehrbuch und Museumspräsentation.[107] In den kulturhistorischen Sammlungen konnte Friedrich Back diese Trennung ab 1898 ungehindert durchsetzen, und er war darin bei den Sammlungen der Antike, der Vor- und Frühgeschichte, der Völkerkunde und der Volkskunst durchaus konsequenter als bei den ihm näherstehenden Sammlungen zu Mittelalter und Barock. Herausragenden Objekten der Antike gewährte er den Bereich um das Bad Vilbeler Mosaik. Bedeutende Funde der Vor- und Frühgeschichte fanden trotz der widersprechenden Architektur Messels im römischen Gang ihren Platz, die Völkerkunde verschwand vollständig aus dem prominenteren Ausstellungsbereich, und Back erhielt den Südostflügel als zusätzlichen Ausstellungsbereich für seine Epochen hinzu. Die Sammlungen der Völkerkunde, der Antike, der Vor- und Frühgeschichte und der Volkskunst wurden nun im Sockelgeschoss verortet.

Diese sogenannten Studiensammlungen waren recht uniform aufgestellt. In an die naturwissenschaftlichen Schausammlungen angelehnten Vitrinen waren die Objekte untergebracht. Variation ergab sich vor allem durch die unterschiedliche Größe der Objekte. Im Sockelgeschoss stand das Bemühen im Vordergrund, belehrend tätig zu sein. Erklärende Texte, zugehörige Bilder und die Funktionsweise oder den Herkunftszusammenhang erläuternde Graphiken und Modelle führten durch die Sammlungen. Die Präsentationsweise entspricht vollkommen der traditionellen Ausstellungspraxis in Museen des 19. Jahrhunderts. Sie war weit weniger aufwändig als die Raumgestaltung im Hauptgeschoss und damit auch weniger kostenintensiv. Dies mag erklären, warum vor allem für die oberen Räume so viel Arbeit und Engagement aufgewendet wurde. Doch auch im Sockelgeschoss zeigte sich die produktive Zusammenarbeit von Alfred Messel und Friedrich Back. Während Back hier die Sammlungen ihrer jeweiligen Historie nach zusammenließ und wo möglich mit der größten realisierbaren Attraktivität ausstattete, versuchte Alfred Messel architektonisch zu reagieren. So erhielt die erst 1898 ins Sockelgeschoss verlegte Sammlung der Vor- und Frühgeschichte in

107 Zum Bedauern der heutigen Wissenschaftler wandte Back das Prinzip auch auf die Gemäldegalerie und die Skulpturensammlung an, aus denen er hunderte von Objekten, die nicht seinen Qualitätsbewertungen und seinen Ordnungsprinzipien entsprachen, aussonderte und 1920 bei Lempertz in Köln versteigern ließ.

der Südostecke des Museums eine archaisch anmutende Raumgestalt und die Völkerkunde unterhalb des Ostflügels so viel Licht wie möglich mit großen Fenstern nach Osten und Westen. Ansonsten war das Sockelgeschoss durch die Notwendigkeit bestimmt, das darüberstehende Museumsgebäude zu tragen, so dass große Pfeiler mit anschließenden Gurtbögen und flache Kreuzgratgewölbe zum bestimmenden Element des Sockelgeschosses wurden. Alfred Messel hatte an ausgewählten Stellen sparsam Bauschmuck anbringen lassen: im Bereich der Völkerkunde im Osten eine dezente Stuckierung der Unterzüge und Bögen, unter der Haupthalle vier Wandnischen und an den Übergängen zum nach außen offenen Durchgang zwischen Rodensteiner Hof und Gotischem Hof zwei Türen im Neorenaissancestil. Auch andere Durchgänge wurden mit einem gestalteten Gewände ausgestattet, in der Regel in spätgotischem oder frühneuzeitlichem Stil.[108] Die von Messel im Sockelgeschoss eingesetzten Schmuckformen stehen aber in keinerlei Zusammenhang zu den dort ausgestellten Sammlungen.

Der Besucher des Museums im Dezember 1906 hatte mehrere Möglichkeiten, die Studiensammlungen zu erreichen. Folgte er dem Vorschlag Friedrich Backs in seinem allerdings erst 1908 publizierten Führer, so nahm er den Abgang im südwestlichen Treppenhaus. Dort stieß er zunächst im Untergeschoss des westlichen Südflügels auf die »Hessische Sammlung«, die Volkskunde. Einzelne herausragende volkskundliche Gegenstände waren schon im früheren 19. Jahrhundert in das Museum gelangt, damals in die Sammlung des sogenannten Alten Museums. Aber erst Rudolf Adamy hatte dies zu einer systematischen Sammlung ausgebaut. Mit den letzten Jahrzehnten des 19. Jahrhunderts begann die Blütezeit der volkskundlichen Sammlungen. Sie galten als unentbehrlich für ein der Geschichte und Kultur einer Region gewidmetes Landesmuseum. Das Darmstädter Landesmuseum hatte jedoch als ehemals fürstliche Sammlung ganz andere Schwerpunkte. Adamy versuchte nun mit dem Beginn einer volkskundlichen Sammlung die Ausrichtung des Darmstädter Hauses in eine seiner Ansicht nach modernere Richtung zu korrigieren. Nach dem Tode Adamys beließ Back offenbar die existierenden Planungen zur Präsentation dieser Bereiche, die auch von Adamy den Studiensammlungen zugeordnet worden waren, baute sie aber nicht weiter aus. Die Hessische Sammlung enthielt systematisch geordnete Kleingegenstände in großen Schauvitrinen, aber auch bäuerliche Möbel und vier Bereiche, in denen Räume rekonstruiert waren. Im Gegensatz zu den oberen Stilräumen ging es hier um die Darstellung bestimmter Lebenswelten. Von Westen beginnend fanden sich eine Apotheke (Abb. 36), ein oberhessisches Bauernzimmer, dann mit dem Ausgang zum Rodensteiner Hof eine Straßenszene mit Kratzputz-Außenfassaden oberhessischer Bauernhäuser aus dem 18. Jahrhundert und schließlich eine oberhessische Kücheneinrichtung.[109]

An die Hessische Sammlung schlossen sich nach Norden unter dem Westflügel die Kostümsammlung (Abb. 35), die Musikinstrumentensammlung mit einer Wandbespannung des 17. Jahrhunderts und das Hessische Militär-

108 So zwischen dem Südwesttreppenhaus und der nördlich angrenzenden Raumflucht zur Hessischen Volkskunde oder zwischen diesem Bereich und dem nördlich angrenzenden Bereich unter der Kapelle.
109 Back, 1908, S. 57–59, vgl. Anm. 30.

kabinett an. Die Objekte waren, einer Studiensammlung entsprechend, zum größten Teil in großen, immer identischen Schauvitrinen untergebracht, die im unteren Bereich mit Schubladen oder Schränken zur Aufnahme nicht gezeigter Objekte ausgestattet waren. Nur wenige Bilder und Möbel lockerten die Präsentation auf, die insgesamt wesentlich schlichter gestaltet war als die der oberen Räume. Über den Rodensteiner Hof oder durch das offene Sockelgeschoss des romanischen Gangs erreichte man die östlichen Räume des Sockelgeschosses. Sie enthielten unterhalb des römischen Gangs und des Renaissancesaals die wissenschaftliche archäologische Sammlung und unterhalb des Gipssaales die völkerkundliche Sammlung. Beide Bereiche hatte Rudolf Adamy für das Hauptgeschoss vorgesehen, waren aber von Back aus »Gründen der Besucherfreundlichkeit«[110] den Studiensammlungen zugeschlagen worden. Die Präsentationsart unterschied sich nicht wesentlich von den Sammlungen im westlichen Sockelgeschoss, war aber hier aufgrund der größeren Fülle des Materials noch gedrängter. In der wissenschaftlichen archäologischen Sammlung im Untergeschoss fanden auch die Korkmodelle nach antiken Bauten von Antonio Chichi aus dem 18. Jahrhundert ihre Aufstellung. Back konnte weitgehend die Planungen Adamys beibehalten, da dieser auch für die Präsentation im Hauptgeschoss eher traditionell eine Aneinanderreihung verglaster Schrankvitrinen vorgesehen hatte.

Das Sockelgeschoss des Nordflügels und das der Haupthalle waren für die Aufnahme der Werkstätten und der technischen Bereiche vorgesehen. Anhand der Beschreibungen von Friedrich Back lässt sich die Nutzung des Sockelgeschosses für die meisten Bereiche rekonstruieren, nicht jedoch die Nutzung des Untergeschosses der Kapelle. Bis zum Bau des Bunkers Ende der dreißiger Jahre wies der Bereich in der Apsis halbrunde Fenster auf, die wohl eine Krypta suggerieren sollten. Eine konkrete Nutzung ist bislang nicht belegbar.

110 Back, 1908, S. 12, vgl. Anm. 30. Back, 1909, S. 66 – 67, vgl. Anm. 23.

Die naturhistorischen Sammlungen

◄ 37 Probeaufbau Diorama Südamerika, um 1906, HI MD Museumsarchiv

Während der gesamte südliche und der mittlere Teil des Museumsgebäudes den kulturhistorischen Sammlungen einschließlich der Archäologie vorbehalten war, hatte Messel die drei anderen »Teilmuseen« im hochaufragenden Nordflügel übereinander angeordnet. Die kulturhistorischen Sammlungen, denen ursprünglich Rudolf Adamy vorstand, Vor- und Frühgeschichte, Archäologie, Völkerkunde, Kunsthandwerk und Waffen, waren durch fünf Öffnungen mit der großen Halle verbunden, die die Völkerkunde aufnehmen sollte. Der eintretende Besucher durchschritt zunächst diese erste Sammlung, um dann im Bereich des großen nördlichen Treppenhauses die Zugänge zu drei weiteren, in sich abgeschlossenen Sammlungen zu finden. Konsequenterweise wurden daher auch nur diese als eigene Museumseingänge gestaltet und mit einer Überschrift, die das jeweilige Kabinett benannte, ausgestattet. Als Back 1898 neben der Gemäldegalerie und dem Kupferstichkabinett auch die Sammlungen Rudolf Adamys übernahm, änderte er zwar die geplante Nutzung vieler Räume, vor allem die der Haupthalle, die nun stärker als Eingangs- und Verteilerbereich wahrgenommen werden konnte, beließ aber die Überschriften der Sammlungen im Nordflügel. Weder Alfred Messel noch Friedrich Back schienen eine Notwendigkeit darin zu sehen, nun auch Überschriften für die Zugänge im vorderen Bereich des Museums anzubringen, was nicht nur gestalterisch, sondern auch inhaltlich auf Schwierigkeiten gestoßen wäre.

Das Naturalienkabinett war 1876 in zwei unabhängige Kabinette aufgeteilt worden. Der Zoologischen Sammlung stand Prof. Gottlieb von Koch vor, die Geologische wurde von Prof. Richard Lepsius geleitet. Auf der Ebene des Hauptgeschosses schloss im Nordflügel die Zoologische Sammlung direkt an die Haupthalle an. Gottlieb von Koch hatte ein ausgeprägtes pädagogisches Interesse und war speziell für die Art der Ausstellung zoologischer Präparate in hohem Maße sensibilisiert. So ging er mit großem Engagement das Museumsneubauprojekt an und brachte von Anbeginn seine Vorstellungen zur Präsentation in die Diskussion mit Alfred Messel ein. Schon 1892 hatte er seine diesbezüglichen Ansichten publiziert,[111] die unter anderem besagten, dass einerseits wertvolle Präparate durch Glas vor Staub und dem Publikum zu schützen seien, andererseits die herkömmlichen Sammlungsschränke durch ihre Sprossengliederung ungeeignet zur Ausstellung größerer Präparate seien. Von Koch machte sich Gedanken über eine optimale, blendfreie Beleuchtung und entwickelte schließlich eine inhaltliche und zusammen mit Alfred Messel eine architektonische Lösung,

111 Gottlieb von Koch: Über naturgeschichtliche Sammlungen (Darmstadt 1892).

38 Präparator Küsthardt mit präparierter
Riesenschlange im Osthof, um 1906, HLMD
Museumsarchiv

um eine große Zahl von Präparaten nach diesen Prinzipien ausstellen zu
können. Alfred Messel schlug einen in den ersten Entwürfen noch nicht vor-
gesehenen, an die Nordseite des Nordflügels angesetzten Gang vor, von dem
aus die Besucher in durch Oberlicht beleuchtete Räume für die Präparate
schauen konnten. Diese Räume hatte von Koch, seinen wissenschaftlichen
Prinzipien zu Evolution und Artendiversität entsprechend, nach geographi-
schen Gesichtspunkten konzeptioniert. So sollte jeweils ein Raum der Fauna
eines bestimmten Lebensraums gewidmet sein. Von Koch verzichtete dabei
auf eine allzu realistische Gestaltung der Landschaften und lag mit diesem
Grad der Abstraktion ganz auf der ästhetischen Linie Messels.[112] Die daraus
entstandenen Darmstädter Dioramen (Abb. 37, Abb. 38, Abb. 39) sollten zu

112 Gottlieb von Koch: Die Aufstellung der
Tiere im neuen Museum zu Darmstadt,
Leipzig 1899.

64

113 Hanns Feustel: Die Tiergeographischen
Gruppen im Hessischen Landesmuseum
in Darmstadt, Darmstadt 1970.

einem der großen Publikumsmagnete des Museums werden, doch waren
bis zur Eröffnung des Hauses nur drei der insgesamt zehn Dioramen vollendet.[113] Die Präsentation der Dioramen wirkte durch die Dioramen selbst, der
Gang für die Besucher war rein funktional und ohne Bauschmuck gehalten.

Für den vorderen Bereich der Zoologischen Sammlung hatte Messel
einen großen Ausstellungsraum mit leicht historisierendem Schmuck an
Pfeilern, Unterzügen und Gesimsen entworfen. Dies entsprach zwar weitgehend der geläufigen Gestaltung großer Säle für naturhistorische Museen,
doch erreichte Messel durch sorgfältige Proportionierung eine große Eleganz der Architektur. Bei einer freien Präsentation der Präparate und Skelette wäre diese Eleganz auch nach Einrichtung des Saales erhalten geblie

40 Aufbau des Mastodons in der Geologie,
vor 1906, HLMD Museumsarchiv

ben, doch konnte Gottlieb von Koch sich letztlich mit seinen Vorstellungen
zu Präsentation und konservatorischen Notwendigkeiten durchsetzen. Der
Saal erhielt also zahlreiche, von Messel entworfene und mit wenigen Längs-
sprossen versehene Großvitrinen zur Aufnahme der Exponate. Diese waren
in Süd-Nord-Richtung aufgestellt und schlossen an die Nordwand des Saales an. Damit erhielten sie von den Fenstern an der Südseite Seitenlicht.
Offenbar war die direkte Sonneneinstrahlung durch die Fenster konser-
vatorisch nicht gewünscht, so dass ein Sonnenschutz vorgesehen werden
musste.[114] Zusätzlich gab es schräge Pultvitrinen für kleinere Objekte, die
eine Nahsicht ermöglichten und die im unteren Teil Schränke für nicht
ausgestellte Objekte hatten. Neben den Großvitrinen und den Pultvitrinen
entwickelte Messel für die Zoologie einem Satteldach ähnliche Vitrinen mit
aufgesetztem Glassturz zur Kombination von einansichtigen und allansichtigen Objekten, analog der Lösung für die romanische Schatzkunst. War
dort Holz als passendes Material zum Einsatz gekommen, so setzte Messel
in der Zoologie lackiertes Metall ein. Die Zoologische Sammlung war dank
des Engagements Gottlieb von Kochs auf einem ähnlich modernen Präsen-
tationsniveau wie die Stilräume Friedrich Backs oder die ganz von Alfred
Messel konzipierten Räume. So wie diese setzte von Koch auf die Faszina-

114 Wahrscheinlich wurde dies zunächst
durch Milchglas gewährleistet, das sich
im Westen zum Teil noch erhalten hat.

tion der Besucher durch die Art der Präsentation und auf ein möglichst abwechslungsreiches Raumprogramm.

Ganz anders war eine Etage höher die Geologie und Mineralogie aufgestellt, der ihr Leiter Richard Lepsius 1893 noch die Paläontologie, die bis dahin zur Zoologie gehörte, zugeschlagen hatte. Lepsius, der wie die meisten der Sammlungsleiter des Museums seit 1883 eine Professur an der Technischen Hochschule innehatte, war seit 1882 erster Direktor der Hessischen Geologischen Landesanstalt, deren Gebäude dem Bauplatz des Landesmuseums im Westen unmittelbar benachbart waren. Von 1893 bis 1896 war er zudem Rektor der Technischen Hochschule und errichtete in dieser Funktion das alte Hauptgebäude der Hochschule. Die Sammlungsleitung des Geologisch-mineralogisch und paläontologischen Kabinetts konnte von ihm gerade in der entscheidenden Planungs- und Bauphase des Museums aufgrund der vielfältigen anderen Verpflichtungen nicht mit demselben Engagement wahrgenommen werden wie durch Friedrich Back oder Gottlieb von Koch. Messel hatte diese Etage niedriger ausgelegt und mit deutlich weniger Schmuck als die Zoologie ausgestattet, so dass schon allein die Räumlichkeiten eher an eine Studiensammlung erinnerten. Im Gegensatz zu Gottlieb von Koch, der ähnlich wie Back sorgfältig zwischen Schausammlungen und wissenschaftlichen Sammlungen differenzierte und letztere nur in Magazinen verortet sah,[115] war die Geologie im Prinzip wie die wissenschaftliche Studiensammlung am Fachbereich einer Universität aufgestellt: streng systematisch in uniformen Sammlungsschränken. Einzige Ausnahme scheint das monumentale Mastodon (Abb. 40) gewesen zu sein, das den Besucher auch heute noch beim Eintritt in die Geologische Sammlung (Erd- und Lebensgeschichte) begrüßt. Es war bereits vom Bodenniveau der Eingangshalle aus sichtbar und diente somit dazu, dem Besucher die höher gelegenen Sammlungen anzukündigen. Ob die Schaffung dieses genialen *point de vue* auf Richard Lepsius und seine Mitarbeiter oder auf Alfred Messel zurückgeht, ist nicht bekannt.

115 Krause, 1972, S. 36f., vgl. Anm. 6.

Die Gemäldegalerie

◄ 41 Eingangstür zur Gemälde-Galerie, um 1906, HLMD Museumsarchiv

Die oberste und zugleich vom Eingang aus die entfernteste und unsichtbarste Position nahmen die Gemäldegalerie in der dritten Etage und darüber das Kupferstichkabinett ein. Beide Sammlungen standen unter der Verwaltung desselben Sammlungsleiters, zunächst Rudolf Hofmann-Zeitz und seit 1896 Friedrich Back. Wie Zoologie und Geologie war auch die Gemäldegalerie als ein in sich geschlossener, durch nur einen Eingang vom Treppenhaus aus erreichbarer Bereich ausgeprägt (Abb. 41). Messel hatte für die Galerie, den geläufigen Vorstellungen seiner Zeit entsprechend, fünf große Oberlichtsäle vorgesehen, denen zwei große Säle und zwölf Kabinette mit seitlichem Nordlicht zugeordnet waren. Die Oberlichtsäle besaßen eine Glasdecke, über der sich nach Süden ein ebenfalls mit Glas eingedecktes Dach befand. Die eintretende Lichtflut war jedoch so groß, dass schon bald die Glasdecken mit einem eingehängten textilen Lichtschutz versehen werden mussten, wie übrigens auch beim Bad Vilbeler Mosaik und dem anschließenden Treppenabgang. Alfred Messel hatte hier durchaus einen richtigen Ansatz gehabt, doch waren weder er noch Hofmann-Zeitz im Museumsbau so erfahren, als dass sie die Dimensionierung des Lichtes richtig hätten einschätzen können. Im Gegensatz dazu funktionierten die Nordkabinette ohne Probleme. Friedrich Back konnte an dieser Stelle nicht mehr in die Planungen eingreifen, da dies automatisch eine grundlegende Änderung des Museumsbaus nach sich gezogen hätte. So beschränkte er sich darauf, in Zusammenarbeit mit Alfred Messel die Innengestaltung der Räume vorzunehmen. Die Galerie wurde mit einer textilen Bespannung bis zu der von der Architektur vorgegebenen Schmiege als Rahmen des Glasdaches ausgestattet. Dabei erstaunt die Farbe der Bespannung, auf die Messel und Back sich einigten, ein sattes Grau.[116] Grau in verschiedenen Schattierungen und ein leichter Ockerton scheinen auch in den meisten anderen Räumen des Museums dominiert zu haben, nur die Studiensammlungen und die Funktionsräume wiesen ein gebrochenes Weiß auf. Die Lebendigkeit und eine Strukturierung der Wandoberflächen wurden durch unterschiedliche Putzarten erreicht.[117]

Alfred Messel und Friedrich Back übertrugen einige Prinzipen der Stilräume auf die Gemäldegalerie. Stilistisch zum jeweiligen Ausstellungsthema passende Türrahmungen, eine Holztäfelung des Sockels, aufwändige Verkleidungen der Heizkörper und wenige in der Fläche verteilte passende Möbel und Skulpturen lockerten die Gemäldegalerie auf, ohne deren Sammlungstyp anzutasten (Abb. 42). Sie erhielt so jedoch stärker den Charakter

116 Back, 1909, S. 79–80, vgl. Anm. 23.
117 Dr. Falko Lehmann, Landesamt für Denkmalpflege Hessen, und Dipl. Rest. Thorsten Moser haben die Farbigkeit und Materialität des Museums sorgfältig analysiert. Die Ergebnisse werden an anderer Stelle publiziert.

42 Blick in die Gemäldegalerie, westlicher Oberlichtsaal, nach 1906, HLMD Museumsarchiv

des Zitats einer historischen Gemäldegalerie. Ihre Ordnung folgte den von der Kunstgeschichte definierten Schulen nach Epochen, denen Friedrich Back zusätzlich eine geographische Komponente beigab. Backs Hängung war modern, nur an wenigen Stellen und wo es sinnvoll erschien, wurden Bilder übereinander gehängt oder über den Durchgängen angebracht. Die Gemäldegalerie umfasste den Zeitraum von der Gotik bis zur damals zeitgenössischen Malerei. Der durchaus in diesem Bereich kenntnisreiche Back[118] hatte versucht, eine repräsentative und qualitätvolle Auswahl aus den schon damals viel umfangreicheren Beständen auszuwählen. Im vierten Obergeschoss erreichte man schließlich über eine Treppe das Kupferstichkabinett, das mit einem Studiensaal und dem einzigen Ausstellungsraum des Museums ausgestattet war.[119]

43 Blick in die Gemäldegalerie, ▶ östlicher Oberlichtsaal, nach 1906, HLMD Museumsarchiv

118 Friedrich Back: Großherzogliches Hessisches Landesmuseum in Darmstadt, Verzeichnis der Gemälde, Darmstadt 1914.
119 Back, 1908, S. 118, vgl. Anm. 30.

Bauskulptur

◄ 44 Ludwig Habich, Hessisches Staatswappen im Dreiecksgiebel über dem Hauptportal des Museums, 1899–1902, Foto 2014

Im Gegensatz zu den ersten Entwürfen Alfred Messels für das Museum ist der plastische Bauschmuck jenseits von architektonischen Schmuckelementen wie Kapitellen im Innern und Äußeren nur sehr sparsam ausgeführt worden. Als Künstler wurde Ludwig Habich (1872–1949) bestimmt, der von 1899 bis 1906 durch Großherzog Ernst-Ludwig als Mitglied der Darmstädter Künstlerkolonie berufen worden war.[120]

Im Innern gestaltete er zwischen 1899 und 1902 mit vielen verschiedenen Tieren den Eingang zur Zoologischen Sammlung (Abb. 45).[121] Während diese eindeutig der Stilsprache des Jugendstils verpflichtet sind, ist der gleichzeitige äußere Gebäudeschmuck konservativer und historistisch gehalten.[122]

Reich geschmückt ist der Mittelrisalit der Südfassade mit dem Haupteingang des Hauses. Im Dreiecksgiebel ist das große Hessische Staatswappen,[123] flankiert von zwei steigenden Löwen, über einem Schriftband »Gott Ehre Vaterland« angebracht (Abb. 44). Im Bogenscheitel blickt eine Büste der Göttin Athene auf den Eintretenden herab; in den Zwickeln verweisen unterschiedlichste Gegenstände auf die verschiedenen Sammelgebiete des Hauses.

Auf dem Mittelrisalit der Nordfassade sind viel bescheidener das Hessische Stammwappen im Giebel und in den Bogenzwickeln jeweils Symbole für die Kunst und die Natur zu sehen. Dazu traten lediglich eine Stiftungsinschrift an der Ostseite des Turmes und zwei etwas griesgrämig blickende Männerbüsten über den Fenstern der Seitenrisalite gegen Süden. Die östliche dieser beiden wurde im Zweiten Weltkrieg zerstört, und während des Wiederaufbaus ersetzte man sie durch eine Büste des Hausmeisters Philipp Handschuh (1903–1968) von Adam Antes (1891–1984),[124] um ihn für seinen großen Einsatz zum Schutz der Museumssammlungen im Krieg und in der Nachkriegszeit zu ehren.

Schon während der Eröffnungsfeierlichkeit des Museums am 27. November 1906 wurde angekündigt, dass die beiden in London wohnenden Brüder Alfred Messels, Ludwig und Rudolph, für die beiden bereits hergestellten Sockel zu Seiten der Eingangstreppe zwei bronzene Löwen stiften wollten. Obgleich sich deren Realisierung durch Heinrich Jobst (1874–1943)[125] noch bis 1914 hinzog (Abb. 46), wurden sie bereits vorher zeichnerisch an dieser Stelle entworfen, sogar in phantasievoller Form in Fotografien hineinretuschiert. Vom selben Künstler waren wohl 1912 die beiden Jugendstilfahnenmasten vor dem Museum gestaltet worden.[126] Für den Schmuck des Foyers

120 Stadtlexikon Darmstadt, S. 339 (Renate Ulmer), vgl. Anm. 2.

121 Zwei signierte Reliefs an den äußeren Pfeilern des Durchgangs wurden im Krieg zerstört und nicht wieder hergestellt. Die übrigen Reliefs: Inv. Nr. Pl 71:43–47.

122 Wolfgang Beeh: Bildwerke um 1800 bis 1970, Hanau 1974, Nr. 44–48, ohne Inv. Nr.

123 Entsprechend der Verordnung vom 9.12.1902.

124 Inv. Nr. Pl 71:50, vgl. Beeh, 1974b, vgl. Anm. 122, Nr. 10.

125 Stadtlexikon Darmstadt, S. 449–450 (Renate Ulmer), vgl. Anm. 2. Inv. Nr. Pl 71:28/29. Vgl. Beeh, 1974b, Nr. 73 und 74, vgl. Anm. 122.

126 2012–2014 restauriert mit Unterstützung der Sparkasse Darmstadt. Inv. Nr. Pl 71:48/49. Vgl. Beeh, 1974b, Nr. 71 und 72, vgl. Anm. 122.

127 Stadtlexikon Darmstadt, S. 534–535 (Hermann Kleinstück), vgl. Anm. 2.

128 Vgl. Beeh, 1974b, Nr. 25, 26, 34, 35, 50, 51, 151, 152, 153, vgl. Anm. 122.

und des großen Treppenhauses im Innern stiftete der Darmstädter Kunst-verein[127] zwischen 1906 und 1915 neun Skulpturen von Ludwig Habich, Georg Wrba, August Gaul und Robert Cauer.[128] August Gaul wird auch der Türgriff vom Eingangsportal mit dem darin eingefassten Löwen zugeschrie-ben (Abb. 48).

45 Ludwig Habich, Gebäudeschmuck zum Eingang der Zoologischen Sammlung, 1899–1902, Foto 2014

46 Heinrich Jobst, Bronzener Löwe am ▶ Eingangsportal des Museums, um 1914, Foto 1974, HLMD Museumsarchiv

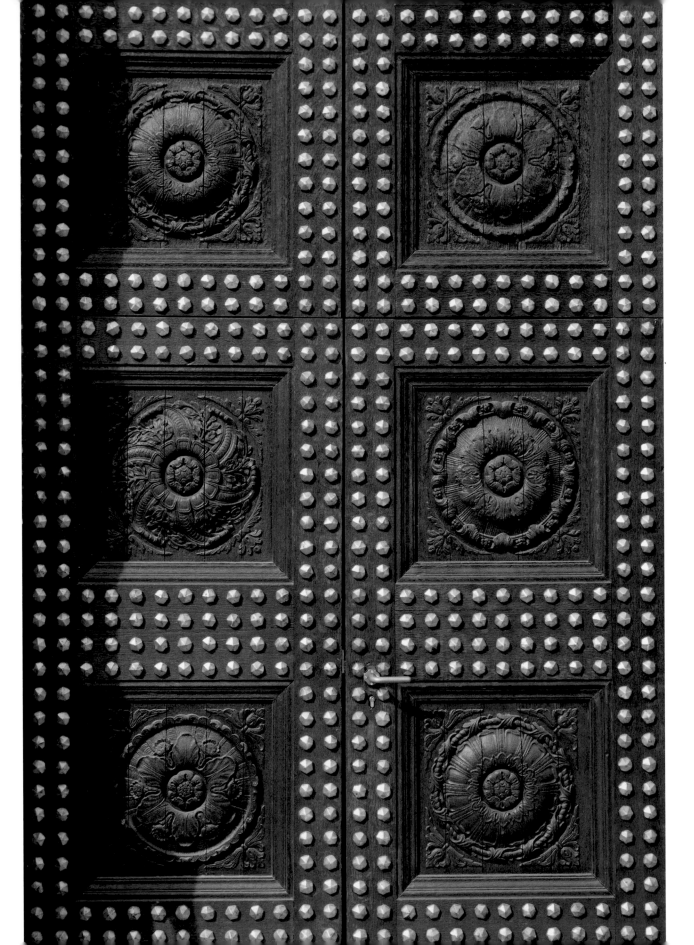

Umzug und Eröffnung

◄ 47 Originales Eingangsportal
des Museums, um 1906, Foto 2014

1902 war der Rohbau des Museums im Wesentlichen vollendet,[129] der Innenausbau zog sich bis 1904, in Teilen auch länger hin. Die Einrichtung der Museumsräume dauerte noch einmal zwei Jahre, so dass erst Ende 1906 die Eröffnung des neuen Großherzoglichen Museums ins Auge gefasst werden konnte. Zuvor war der Umzug der Museumsbestände vom Schloss in die neuen Räume zu bewältigen, der größtenteils von Darmstädter Transportunternehmen durchgeführt wurde, wie auch die Einrichtung unter Mithilfe ortsansässiger Schreinereien und anderer Handwerksbetriebe.[130] Back hatte nach dem Tode Rudolf Adamys 1898 ein weiteres Großprojekt angepackt. Da die Bestände der kulturhistorischen Sammlungen ein Jahrhundert lang nur nach der Reihenfolge des Eingangs, nicht aber nach Sammlungsteilen erfasst worden waren, brachte Back zum Leidwesen der ihm Nachfolgenden eine vollständige Neuinventarisierung auf den Weg.

Was als eine Erleichterung für den Umzug gedacht war, zog sich dann bis 1958 hin. Dieses bei Back und seinen Mitarbeitern Kapazitäten bindende Großprojekt beschleunigte nicht die Verlagerung der Bestände in das neue Museum.

Großherzog Ernst Ludwig selbst gab den Termin der Eröffnung schließlich vor: Mittwoch, den 27. November 1906, 11:00 vormittags. Unter der Teilnahme der großherzoglichen Familie, der Regierung und zahlreicher Ehrengäste wurden besonders Alfred Messel, Friedrich Back und Gottlieb von Koch für ihre Verdienste um den Museumsbau geehrt (Abb. 49).[131] Nach einem Rundgang durch die Sammlungsräume und einem anschließenden Galadîner im Kaisersaal des Residenzschlosses war offiziell das Projekt des Darmstädter Museumsbaus nach vierzehn Jahren beendet. Doch zogen sich hinter den Kulissen die Umzugsarbeiten aus dem Schloss über dieses Datum hinaus in die Länge. Um das Projekt endlich zu einem Abschluss zu bringen, gab die Kabinettsdirektion den 17. August 1907 als Stichtag vor. Zu diesem Tag scheint zwar von allen Sammlungsleitern der Umzug als abgeschlossen gemeldet geworden zu sein, doch hatte man offenbar vieles einfach zurückgelassen.[132] Außer Qualitätsgründen scheint die Ansicht eine Rolle gespielt zu haben, das fertige Museum sei als eine Art statischer Körper nun installiert, bestimmte Bestände wurden ausgestellt, andere magaziniert, aber eine Veränderung der Verhältnisse wurde nicht mitbedacht. So waren nur wenige Magazine vorgesehen, und durch die eindeutige Definition gerade der Stilräume war nur wenig Flexibilität in der Präsentation vorhanden.

129 Inschrift an der Ostseite des Museumsturms.
130 Krause, 1972, S. 37, vgl. Anm. 6.
131 Darmstädter Tagblatt, 28.11.1906.
132 Krause, 1972, S. 37, vgl. Anm. 6.

48 August Gaul zugeschrieben, Türgriff vom Eingangsportal, vor 1906, Inv. Nr. Kg 78:47a + b

49 Illustrierte Rundschau mit Bericht über ▶ die Einweihung des Landesmuseums in Darmstadt, Berlin 1906, Stadtarchiv Darmstadt

Museumssammlungen sind jedoch durch stetes Wachstum gekennzeichnet, das macht ihre Lebendigkeit und Bedeutung aus. Das war in den Jahren nach 1906 nicht anders, und so sah Friedrich Back sich sehr bald mit diesen Problemen konfrontiert.[133] Die Ausschmückung des Treppenhauses und der Außenanlagen zog sich bis 1915 hin,[134] so dass der Museumsbau, der als Pendant zum Residenzschloss und als Heimstätte der großherzoglichen Sammlungen geplant und gebaut wurde, schon bald nach seiner Vollendung zum Landesmuseum des Volksstaats Hessen wurde, was Friedrich Back unweigerlich in Opposition zum ehemaligen Landesherrn bringen musste.[135] Alfred Messel hatte schon während der Realisierung des Darmstädter Museums die großen Aufträge für die Wertheimkaufhäuser erhalten und wurde 1907 schließlich von Kaiser Wilhelm II. zum Generalplaner der Berliner Museumsinsel ernannt, wobei seine Arbeit für Darmstadt mit Sicherheit ausschlaggebend war. 1909 starb Messel im Alter von nur 55 Jahren. Mies van der Rohe (1886–1969) bezeichnete ihn als eines seiner Vorbilder, nicht in Bezug auf den Stil, aber in Bezug auf die Qualität.[136]

133 Back, 1925, S. 152, vgl. Anm. 78, zur Sammlung von Heyl. Die Sammlung des Gewerbemuseums kam 1930 in das Landesmuseum.

134 Beeh, 1974b, S. 4, vgl. Anm. 122.

135 Vgl. Norbert Stieniczka: Die Auswirkungen der Revolution von 1918 auf Darmstädter Museen und Sammlungen, in: KHM 36/37 (1996/1997), S. 129–138.

136 Siehe Jan Maruhn: Alfred Messel und Mies van der Rohe, zur Kontinuität von architektonischen Prinzipien und Formverwandtschaften, in: Katalog Berlin, 2009/2010, S. 107–113, vgl. Anm. 21.

Prinz Johann Georg von Sachsen, Bruder des Königs Friedrich August III., war in erster Ehe mit der Herzogin Isabella von Württemberg verheiratet, die aber bereits am 24. Mai 1904 starb. Jetzt hat er eine zweite Ehe geschlossen, und zwar mit der Prinzessin Marie Immakulata von Bourbon-Sizilien. Prinz Johann Georg wurde am 10. Juli 1869 in Dresden geboren und bekleidet im Heere den Rang eines Generalmajors. Seine Gemahlin ist die älteste Tochter des Grafen Alfons von Caserta und am 30. Oktober 1874 zu Cannes geboren. Der Einzug der Neuvermählten in Dresden fand unter den üblichen Feierlichkeiten statt. Nach großem militärischen Empfang auf dem

Prinz Johann Georg von Sachsen und seine Gemahlin Marie Immakulata, geb. Prinzessin von Bourbon-Sizilien.

Hauptbahnhof, von wo aus das prinzliche Paar, geleitet von einem Zuge-Gendarmen und zwei Zügen Garbereiter, durch die beflaggten und geschmückten Straßen nach dem Schloß fuhr, erfolgte auf dem Altmarkte in einem vor dem Rathause errichteten Ehrenhofe der Empfang durch die städtischen Kollegien. Oberbürgermeister Beutler hielt im Namen der Stadt eine begrüßende Ansprache, die Prinz Johann Georg mit Dankesworten erwiderte.

Der neue schweizerische Bundespräsident Eduard Müller ist am 12. November 1848 in Rüdau im Kanton Bern geboren, studierte die Rechte und errang bald in seinem Heimatskanton eine hervorragende Stellung. Er bekleidete einige

Jahre in Bern das Amt eines Gerichtspräsidenten, wurde 1882 in den bernischen Verfassungsrat gewählt und kam gleichzeitig in den Großen Rat des Kantons, dessen Präsident er 1885 wurde. Schon im Jahre vorher war er auch in den schweizerischen Nationalrat entsendet worden. Im Auftrage des Bundesrats führte er 1885 die Untersuchung über die Umtriebe der Anarchisten und verfaßte den Entwurf der eidgenössischen Militärstrafgerichtsordnung. Auch im Heere, in das er 1868 als Infanterieleutnant eintrat, war er bis zum Jahre 1889 zum Divisionskommandanten vorgerückt. 1895 endlich wurde er in die Regierung der Eidgenossenschaft, den Bundesrat, gewählt, in dem er zunächst das Justiz- und Polizeidepartement übernahm; seit 1897 stand er an der Spitze des Militärdepartements und 1899 war er zum ersten Male Bundespräsident. —

In Darmstadt hat unter großen Feierlichkeiten die Einweihung des neuen Landesmuseums stattgefunden. Es erhebt sich am Paradeplatz in unmittelbarer Nähe des Großherzoglichen Schlosses und des Theaters und ist nach den Plänen Professor Dr. Meffels im

Eduard Müller,
schweizerischer Bundespräsident für 1907.
Nach einer Photographie von A. Wicky
(Fr. Fuß, Nachf.) in Bern.

das Vordergebäude beträchtlich überhöhend und durch Flügelbauten mit ihm verbunden, der mehrstöckige Hinterbau, der in den oberen Teilen, seiner Bestimmung als Gemäldegalerie entsprechend, dem Beschauer eine einfache, ununterbrochene Wandfläche zukehrt. Der gesamte Gebäudekomplex wird von einem auf der rechten Seite angebrachten, ziemlich massigen Turm überragt, der mit seinem hellen Sandsteingemäuer sich scharf von dem grangetönten Muschelkalk der Hauptfassade abhebt und durch seine stark dekorative Wirkung der Monotonie im Gesamtbilde des klar und zweckmäßig gegliederten Baues vorbeugt. Meisterhaft hat es auch der Baumeister verstanden, bei der Anlage und Verteilung der Innenräume des Landesmuseums für die Sammlungen der verschiedensten Art gleichmäßig gute Räume zu schaffen, was bekanntlich zu den schwierigsten Aufgaben gehört. Den Eintretenden empfängt ein machtvoll wirkender Raum. Über doppelgestellten korinthischen Säulen spannt sich ein Bogen, durch den man in die hochgewölbte Eintrittshalle gelangt. An diese schließen sich nach rechts und links klar übersichtlich die einzelnen Glieder des weitverzweigten

Der Einzug des Prinzen Johann Georg von Sachsen und seiner Gemahlin in Dresden.

Barockstile errichtet. Hinter dem monumentalen Vordergebäude, aus dem die Kuppel der Eingangshalle herauswächst, steht,

Baukomplexes an. Dem Eingang gegenüber liegt das prächtige Treppenhaus. Lichthöfe sind vermieden worden, statt deren

Das neue Landesmuseum am Paradeplatz in Darmstadt. Nach einer Photographie der Vereinigten Kunstdruckereien Meh & Lauh G. m. b. H. in Darmstadt.

Weimarer Republik und Nationalsozialismus

50 Bau des Luftschutzbunkers, 1938, die Kapelle Alfred Messels ist zum größten Teil niedergelegt, HLMD Museumsarchiv

137 So 53 Gemälde auf der Auktion »Ge mälde älterer Meister aus den Beständen des Landes-Museums Darmstadt u. a.«, Köln (Lempertz) 19.10.1920.

138 Das Luftschutzgesetz wurde bereits im Mai 1935 erlassen. Erst vier Jahre später gab es detaillierte Durchführungsbestimmungen für den Kulturgüterschutz: Richtlinien für die Durchführung des Luftschutzes in Museen, Büchereien, Archiven und ähnlichen Kulturstätten vom 26.8.1939, veröffentlicht in: RMBl. Nr. 40, S. 1386. Vgl. Dr. Graf von Hardenberg: Der Luftschutz der Kulturgüter des deutschen Volkes, in: Gasschutz und Luftschutz, 12. Jahrgang, Nr. 11 (November 1942), S. 215–220.

139 Unterlagen über diese Baumaßnahme haben sich keine erhalten, sie sind jedoch aus zwei Zeitungsartikeln zu erschließen: G. B. (wohl Gisela Bergsträsser): Die alten Glasfenster auf neuen Plätzen, in: Darmstädter Tagblatt 3.7.1938, S. 4 und G. B. (wohl Gisela Bergsträsser): Umordnung im Kunstgewerbesaal des Landesmuseums, in: Darmstädter Tagblatt 8.7.1938, S. 4.

Die Jahre der Weimarer Republik waren für das Museum vor allem durch Finanznot geprägt. Neuerwerbungen, die man für die Sammlung für unerlässlich hielt, mussten durch den Verkauf anderer Sammlungstücke finanziert werden.[137] Zahlreiche wichtige Werke gingen in dieser Zeit dem Museum verloren. Zusätzlich wurden einzelne Sammlungsräume aus Platznot in Depots umgewandelt, während gleichzeitig die ersten großen Sonderausstellungen im noch leer stehenden Schloss gezeigt wurden. Durch Legate und Schenkungen, Ausgrabungen und Tausch verringerte sich der Objektbestand jedoch nicht, sondern er wuchs auch in dieser Zeit kontinuierlich.

Das Hessische Landesmuseum stand in der Zeit des Nationalsozialismus wie alle staatlichen Behörden im Dienste der Diktatur. Propagandaausstellungen, Veräußerung »nichtdeutscher Kunst« besonders aus der Graphischen Sammlung zum Erwerb »deutscher« Kunst standen ebenso an der Tagesordnung wie die Entfernung sogenannter »entarteter Kunst« aus den Sammlungen. Mehr noch als in den zwanziger Jahren bedeutete diese Vereinnahmung durch die Politik einen empfindlichen Aderlass für das Museum, der gerade für die Moderne nicht wieder gut gemacht werden konnte.

Seit 1935 förderte die nationalsozialistische Reichsregierung verstärkt den Bau von Luftschutzräumen auch für besonders wertvolle Kulturgüter.[138] Da dafür zusätzliche Finanzmittel bereitstanden, sah die Museumsleitung darin eine Möglichkeit, einen Raumgewinn erzielen zu können. Die neugotische Kapelle wurde 1938 vollständig niedergelegt (Abb. 50), der romanische Gang zur Hälfte. Dann wurde anstelle der Krypta ein Luftschutzraum gebaut.[139] Der Bunker besteht aus einem achteckigen Kuppelraum mit einer vorgelagerten Basilika mit Tonnengewölbe. In den Beton eingelassene Öffnungen für Vitrinen zeigen, dass hier als Ausstellungsraum eine Schatzkammer eingerichtet werden sollte, was durch den Kriegsausbruch jedoch nicht mehr zu realisieren war. Der Bunkerbau wurde in der Öffentlichkeit geheim gehalten und als Verstärkung der Fundamente bezeichnet. Die Kapelle wurde darüber mit einem zusätzlichen Joch wieder aufgebaut, der romanische Gang durch ein zweites Schiff verdoppelt, das heute wieder entfernt ist. Seit 1942 wurden die größten Schätze des Museums in diesem Bunker aufbewahrt und überstanden hier den vernichtenden Bombenangriff auf Darmstadt im September 1944. Danach wurden auch sie, wie zuvor schon der größte Teil der anderen Sammlungen, in Schlösser auf dem Lande ausgelagert.

Während des Zweiten Weltkriegs blieben die Museumsräume bis zur Zerstörung 1944 weitgehend geöffnet. Gezeigt wurde aber nur eine Auswahl der Bestände, in der Regel geringerer Qualität, was als eine Art »Durchhalteausstellung« zu werten ist. Schon 1940 begannen die Planungen zur Auslagerung der wertvolleren Bestände in hessische und bayerische Schlösser auf dem Lande.[140] 1942/43 waren diese Verlagerungen im Wesentlichen abgeschlossen, besondere Schatzstücke und Gemälde hatte man jedoch im museumseigenen Kunstschutzbunker unter der direkten Kontrolle behalten. Darmstadt verfügte über eine ganze Reihe sogenannter »kriegswichtiger« Industrien, und so wurde es schließlich im September 1944 Ziel eines großen Luftangriffs, der den größten Teil der Darmstädter Innenstadt zerstörte und das Landesmuseum von Alfred Messel so schwer beschädigte, dass nun

140 Zu den Auslagerungen vgl. Theo Jülich: Fünf Apostel kehren heim, in: Informationen aus dem Hessischen Landesmuseum 1/1995, S. 18–20. Ders.: Sammlungen zur Kunst des Mittelalters 1990–1997, in: KHM 36/37 (1996/97), S. 7–18, hier S. 16–18.

auch die im Bunker verbliebenen Objekte nach Bayern gebracht wurden.
Bei Kriegsende 1945 war das Museumsgebäude weitgehend unbenutzbar
(Abb. 51, Abb. 52), die Sammlungsbestände zwar gerettet, aber in zahlreichen Auslagerungsorten weit verstreut und ein Teil des wissenschaftlichen
Personals wegen seiner Verstrickung in den Nationalsozialismus entweder
entlassen oder einfach vorübergehend verschwunden. Dessen ungeachtet
verliefen die Karrieren dieser belasteten Kustoden an anderen Orten nach
einer kurzen Unterbrechung meistens glänzend. Zurückgeblieben war der
nicht durch den Nationalsozialismus kompromittierte Direktor des Hauses, Prof. Dr. August Feigel (1880–1966), der vor allem unterstützt von Dr.
Gisela Bergsträsser (1911–2003) nun die Aufgabe hatte, den Wiederaufbau
des Museums und die Rückführung der Bestände in die Wege zu leiten.
Nach dem Krieg gab es durch den Leiter des damals zuständigen Staatsbau-
amts, Georg Zimmermann (1908–1997),[141] einen Wiederaufbau in weitgehend historischen Formen, aber aus Finanzgründen an vielen Stellen ein-
facher und in schlichteren Materialien. Der äußere Eindruck des Hauses,
besonders der Südfassade, wurde jedoch verändert, indem man dem Südflügel anstelle eines Satteldachs ein höheres Walmdach aufsetzte (Abb. 53). Auf
diese Weise sollte zusätzlicher Depotraum in den Dachgeschossen geschaffen werden. Man verzichtete jedoch auf die Wiederherstellung der erhöhten
Dachkuppel über dem Mittelrisalit, so dass der Schmuckgiebel nun unmittelbar vor dem querlaufenden Walmdach angebracht war. Zudem wurden
zur Dachdeckung statt Kupfer u. a. Schiefer, Ziegel und auch Dachpappe
verwendet, die man erst im Zuge der Sanierung zwischen 2007 und 2014
wieder durch Kupfer ersetzte. Im Rahmen dieser Sanierung konnten auch
die Dachbekrönungen aller drei Risalite, ein Obelisk und zwei Fackelvasen
rekonstruiert werden.[142]

141 Stadtlexikon Darmstadt, S. 1019 (Roland
     Koch), vgl. Anm. 2.
142 Diese Rekonstruktion wurde ermöglicht
     durch das Engagement des Darmstäd-
     ter Rotary-Clubs und von Mr. Stephan
     Perry, Hamburg.

Nachkriegszeit

◄ 54 Fertiggestellter Erweiterungsbau des Museums von Reinhold Kargel, 1984, HLMD Museumsarchiv

Erst unter dem Nachfolger Feigels, Prof. Dr. Erich Wiese (1891–1979), konnte der Prozess des Wiederaufbaus abgeschlossen werden. Die Bestände waren nach und nach zurückgekehrt. 1955 wurde das Museum wieder eröffnet, die Eröffnung der Gemäldegalerie und die Wiederherstellung des markanten Museumsturms folgten 1958. Von 1960 bis 1979 war Prof. Dr. Gerhard Bott (*1927) als Direktor des Museums tätig.[143] Im Gegensatz zu der doch eher restaurierenden Ära der unmittelbaren Nachkriegszeit prägten unter ihm tiefgreifende Veränderungen das Landesmuseum. Seit 1970 war die weltberühmte Sammlung zeitgenössischer Kunst Karl Ströhers, darunter zahlreiche Werke der amerikanischen Pop Art und der »Block Beuys«, als Dauerleihgabe im Museum ausgestellt. Vorübergehend wurde damit das Darmstädter Museum zu einem in ganz Deutschland bekannten Zentrum für die Avantgarde. Die Sammlung nahm jedoch die Fläche der gesamten Gemäldegalerie ein. Im Gegenzug finanzierte Karl Ströher den Ausbau des Obergeschosses des Mittelflügels zur Galerie für den Barock und das 19. Jahrhundert. Zu dem Zweck wurde dem Mittelflügel ein Walmdach aufgesetzt und der Dachaufbau des Mittelrisalits an der Südseite in der alten, hoch aufragenden Form rekonstruiert. Die Malerei des Mittelalters und der Renaissance wurde nun im Hauptgeschoss im ehemaligen Barocksaal ausgestellt. Für die Malerei des Barock bedeutete dies einen erheblichen Platzverlust, für den Barocksaal eine tiefgreifende Veränderung seiner Architektur, da die Gewölbe für den Einbau einer Klimaanlage mit einer abgehängten Decke kaschiert werden mussten. Der räumliche Zusammenhang der Galerie wurde damit auf Jahrzehnte aufgegeben. Es war dies als ein vorübergehender Zustand gedacht, denn für die Sammlung Ströher sollte ein eigener Anbau an das Museum errichtet werden, was die Auflage einer möglichen Schenkung der Sammlung Ströher an das Museum war. Dieser Anbau wurde durch den Darmstädter Architekten Reinhold Kargel (1928–1991) errichtet, konnte aber erst 1984, Jahre nach dem Tod des Sammlers, fertiggestellt werden.[144] Die Erben hatten daher 1981 den Großteil der Sammlung nach Frankfurt verkauft, wo sie heute den Grundstock des Museums für Moderne Kunst bildet. Nur der Werkkomplex von Joseph Beuys (1921–1986), den dieser selbst 1970 in der Westhälfte der Galerie eingerichtet und an dem er bis 1986 gearbeitet hatte, verblieb im Museum und konnte 1989 vom Land Hessen für das Museum erworben werden. Der Erweiterungsbau von Reinhold Kargel wurde dennoch gebaut (Abb. 54). Er sollte mit einer eigenen Sammlung moderner Kunst gefüllt werden, zu der

143 Zur Amtszeit von Gerhard Bott: Wolfgang Beeh: 1960–1975, Das Hessische Landesmuseum in Darmstadt – ein Bericht, in: KHM Beiheft 15 (1975), S. 7–60.

144 Zu den Schicksalen der Sammlungen Ströher und der Errichtung des Erweiterungsbaus von Reinhold Kargel vgl. die verschiedenen Beiträge in: Kunst des XX. Jahrhunderts – Hessisches Landesmuseum Darmstadt – 1984 (Darmstadt 1984) = KHM Heft 23/24.

die Stadt und das Land für einige Jahre Sondermittel für Ankäufe zur Verfügung stellten. Daneben wurden Leihgaben aus Privatbesitz eingeworben, so die umfangreiche Sammlung »Tiefe Blicke« mit über 170 Gemälden und Skulpturen der achtziger Jahre.

Schon Erich Wiese hatte mit der Anlage einer Sammlung zur Kunst des Jugendstils begonnen, dessen Wertschätzung erst allmählich in jener Zeit begann. Unter Gerhard Bott wurde die Sammlung konsequent ausgebaut und unter anderem 1963 die weltberühmte Jugendstil-Sammlung des Amsterdamer Juweliers Karel Citroen für das Museum erworben. 1965 wurde in Darmstadt eine der ersten Dauerausstellungen zum Jugendstil überhaupt der Öffentlichkeit vorgestellt, die mittlerweile eine der wichtigsten Sammlungen zum internationalen Jugendstil darstellt. Gerhard Bott richtete ein Kino im Museum ein, eine erste Cafeteria und einen kleinen Museumsshop; eine Kindermalschule wurde ins Leben gerufen, und die Museumspädagogik begann sich zu entwickeln. Gleichzeitig wurden nun in großer Anzahl Sonderausstellungen realisiert: zu Künstlern der Moderne, zum Jugendstil, zum Kunsthandwerk, aber auch zum Mittelalter und zum Barock. Die Öffnung des Museums und die inhaltliche Modernisierung brauchten jedoch Platz, der eigentlich in dem Haus nicht vorhanden war. So wurde nach und

55 Von Dietrich Grafe gestaltete Ausstellung der historischen Glasgemälde, um 1970, HLMD Museumsarchiv

nach, der Raumnot geschuldet, jeder Dach- und Kellerraum einer Funktion zugeführt und mancher Sammlungsteil dem wachsendem Platzbedarf hinter den Kulissen geopfert. Die inhaltliche Logik und Ordnung des Museums von Alfred Messel war schon allein deshalb kaum mehr zu erkennen. Durch die zahlreichen Rochaden der Sammlungsteile war das Haus unübersichtlich und für den Besucher verwirrend geworden. Um zumindest in der Gestaltung eine Einheitlichkeit zu erreichen, ließ Gerhard Bott beginnend mit dem Jahr 1960 durch den Innenarchitekten Dietrich Grafe die Beschilderung sowie die Vitrinen- und Stellwandsysteme der Kunstabteilungen in einem klaren, modernen Design gestalten. Historistische Gestaltungselemente Alfred Messels wurden dabei durch abgehangene Decken, neue Fußböden, kaschierte Fenster und Türöffnungen verdeckt (Abb. 55). Dem Besucher bot sich in einem alten Gehäuse ein neues, modernes Museum, das mit der alten Architektur nur noch wenig zu tun hatte.

Seit 1975 war Dr. Wolfgang Beeh (1925–2013) als Nachfolger Gerhard Botts im Amt.[145] In seine Amtszeit fielen die Diskussionen um den Erhalt der Sammlung Ströher, wie auch diejenigen um den dauerhaften Erwerb des »Block Beuys« sowie die Errichtung und inhaltliche Füllung des Erweiterungsbaus von Reinhold Kargel. Im Jahr 2005 gelangte die Skulpturensammlung Simon Spierer (1926–2005) als Schenkung an das Hessische Landesmuseum. Dieser herausragenden Sammlung von Werken zeitgenössischer Künstler und Künstlern der klassischen Moderne wurde dauerhaft der verbliebene Ostflügel des Galerietrakts als Aufstellungsort zugesichert. Damit war nun die gesamte Galerie des ursprünglichen Museums belegt und die Malerei des 16. bis 19. Jahrhunderts mit weltbekannten Werken von Bruegel d. Ä., Flegel, Rubens, Böcklin und Feuerbach auf 500 Quadratmeter geschrumpft.

145 Theo Jülich: Wolfgang Beeh zum
     80. Geburtstag. In: Darmstädter Echo
     28.11.2005.

Das Sanierungsprojekt

Schon in der Mitte der neunziger Jahre wurde deutlich, dass durch den Sanierungsstau ein eigentlich nicht mehr tragbarer Zustand im Gebäude des Hessischen Landesmuseums eingetreten war. Die technischen Anlagen waren unzureichend, nicht mehr reparabel und größtenteils funktionsuntüchtig. Den Auflagen zur Brand- und Arbeitssicherheit konnte nicht entsprochen werden, so dass der weitere Betrieb des Hauses nur mit Ausnahmegenehmigungen fortgeführt werden konnte. Die ursprüngliche Architektur war zu einem großen Teil zugebaut worden. Der zunehmende Platzbedarf hatte außerdem große Teile der Ausstellungsflächen anderen Nutzungen zuführen müssen, was die Erkennbarkeit der Struktur des Hauses nahezu unmöglich machte.

Ende 2002 wurde aufgrund des von der Hessischen Landesregierung 2001 initiierten Kulturinvestitionsprogramms eine Programmunterlage für das Hessische Ministerium der Finanzen aufgestellt, die die Sanierungsschwerpunkte sowie den Raumbedarf des Museums definierte. Mit der Durchführung des Projektes wurde das Hessische Baumanagement beauftragt, das mit zahlreichen Mitarbeitern engagiert die Sanierungsmaßnahmen bis 2011 begleitete und zu einem Erfolg führte. Auf dieser Grundlage wurde 2003 eine Auslobung erstellt, die als Unterlage für einen interdisziplinären Architektenwettbewerb diente, der in zwei Stufen bis ins Jahr 2004 entschieden wurde. Als Sieger ging das Architekturbüro Kleffel, Kühnhold, Papay und Warnke aus Hamburg aus dem Wettbewerb hervor und erhielt den Auftrag für die Sanierung und die Erweiterung des Hessischen Landesmuseums Darmstadt. Als Erweiterungsbau war anstelle des von Reinhold Kargel errichteten Gebäudes im Westen des Messelbaus ein kubischer, lichtdurchfluteter Baukörper entlang der Schleiermacherstraße vorgesehen, vom Altbau durch einen Platz getrennt. In zwei bis drei oberirdischen Geschossen und drei unterirdischen Ebenen sollten die Gemäldegalerie, der Jugendstil, die Archäologie, Wechselausstellungsräume und zahlreiche Depots ihren Platz finden.

Ende 2007 wurde das Hessische Landesmuseum Darmstadt für die Öffentlichkeit geschlossen, um die nunmehr überfällige Sanierung in Angriff nehmen zu können. Im Verlauf des Jahres 2008 wurden alle Bestände verpackt und in einem der größten Museumsumzüge der Nachkriegszeit in Auslagerungsdepots verbracht. In der zweiten Jahreshälfte 2009 zeichnete sich ab, dass aufgrund verschiedener Faktoren (Mehrwertsteuererhöhung, gestiegene Baukosten, etc.) der bewilligte Kostenrahmen für das Baupro-

57 Komplette Erneuerung der Dachkonstruktion des HLMD, Foto 2013

jekt nicht einzuhalten sein würde. Angesichts der Haushaltslage war das Hessische Ministerium der Finanzen nicht in der Lage, zusätzliche Mittel zur Verfügung zu stellen. 2010 wurde daher durch den Hessischen Minister der Finanzen entschieden, dass der geplante Erweiterungsbau vorerst nicht realisiert werden kann. Stattdessen sollte der Kargelbau saniert und für Ausstellungszwecke benutzt werden. Die Sanierung des Messelbaus sollte zügig weiterbetrieben und abgeschlossen werden. Die benötigten Depot- und Werkstattflächen sollten zunächst weiter in der Auslagerung verbleiben

Anfang 2009 konnten die Sanierungsmaßnahmen beginnen, die sich bis Mitte 2013 hinzogen. Manche Überraschung hielten die historischen Gebäude für die tätigen Architekten und Ingenieure bereit. Fehlende exakte Pläne, mürbes Mauerwerk, nicht tragende Decken und unzählige alte Farb- schichten an den Wänden führten zu zahlreichen Planänderungen und zu Verzögerungen. Auf der anderen Seite standen die Entdeckungen von bisher verdeckten alten Gewölben, Nischen, Schmuckelementen und Fußböden, die man vorher nicht vermutet hatte. So umfasste die Sanierung die völ- lige Erneuerung der Haustechnik, der Dächer (Abb. 57), die Ertüchtigung

58 Bad Vilbeler Mosaik, Blick in die Apsis, Foto 2014

von Fundamenten, Kanälen und Decken bis hin zum Einbau moderner Brandschutz- und Sicherungstechnik fast alle Bereiche des Hauses. Dem Baudenkmal entsprechend sollte so viel von der alten Architektur wie möglich wieder sichtbar gemacht werden, einschließlich der Sichtachsen und Durchgänge (Abb. 58). Da, wo die Museumstechnik Eingriffe in die alte Bausubstanz erforderlich machte, wurden diese in Abstimmung mit der Denkmalpflege sorgsam in die Architektur Alfred Messels eingepasst. Inhaltlich stand man vor der Aufgabe, die von Alfred Messel vorgegebene Struktur des Hauses durch die Anordnung der Sammlungen wieder weitgehend aufzugreifen und weiterzuführen. So erstanden die archäologischen und kunsthandwerklichen Raumspangen (Abb. 59) rechts und links der Haupthalle von neuem, verblieben die zoologischen und geologischen Sammlungen sowie das Graphische Kabinett an ihrem historischen Platz. Allein die Gemäldegalerie, der feste Ausstellungsort für den »Block Beuys« und die Sammlung Simon Spierer, ist heute der modernen Kunst gewidmet. Deshalb wurde auch der gegenüberliegende, von Karl Ströher gestiftete Flügel der modernen Kunst zugeschlagen, die so auf einer Etage vereint ist.

59 Blick in den Waffensaal, Foto 2014

◄ 60 Blick in die Gemäldegalerie im Erweiterungsbau von Reinhold Kargel, Foto 2014

Die Gemäldegalerie aber kann nun wieder in ihrer vollständigen Form vom 13. bis zum 20. Jahrhundert zusammenhängend im Erweiterungsbau von Reinhold Kargel gezeigt werden (Abb. 60). Im Untergeschoss des Altbaus sind in neuen Ausstellungsräumen der internationale Jugendstil (Abb. 61), die Vor- und Frühgeschichte, die japanische Kunst sowie die ägyptische und die griechische Sammlung untergebracht. Mit moderner Ausstellungsgestaltung, die von der Schiel-Projektgesellschaft GmbH, Berlin, entworfen und realisiert wurde, einem reichhaltigen Informationsangebot und abwechslungsreichen Inszenierungen der Objekte wird dem Besucher eine Vielzahl von Sammlungen erschlossen. Und gerade in dieser thematischen Breite ist das unverwechselbare Profil des Museums wieder deutlich sichtbar. Leider sind auch wichtige Sammlungen, wie das Physikalische Kabinett, die Ethnologische Sammlung und die Textilsammlung nur mit jeweils wenigen Objekten in der Dauerausstellung zu sehen. Auch durch eine Sanierung kann der eigentlich benötigte Platzbedarf nicht geschaffen werden. Es wird in der Zukunft die Aufgabe sein, auch diesen Sammlungen eine Präsenz zu geben. Aus der Haupthalle führen zwei eigens geschaffene Treppen in ein

neues Tieffoyer, das zur Gemäldegalerie und den Ausstellungen im Nord-trakt überleitet, aber auch die Servicebereiche, wie Café, Shop, Garderobe, Pädagogikbereich, Vortragssaal und Open-Air-Theater (Abb. 62) erschließt. Durch die Sanierung ist das Museum technisch, infrastrukturell und inhalt-lich für das 21. Jahrhundert gerüstet und lässt gleichzeitig die Qualitäten des Entwurfs von Alfred Messel wiedererkennen.[146]

61 Blick in die Ausstellungsräume des Jugendstils, Foto 2014

62 Diorama Afrika in der Zoologischen ▶ Sammlung nach seiner Restaurierung, Foto 2014

146 Der Text dieser Publikation ist die überarbeitete und erweiterte Fassung von Theo Jülich: Das Großherzogli-che Museum von Alfred Messel und Friedrich Back, in: KHM NF 5 (2010) S. 71–106.

Abbildungsnachweise

Titelbild und Abb. 10
Architekturmuseum, TU Berlin

Abb. 1, 2, 3, 4, 6, 8, 11, 13, 14, 15, 48
Hessisches Landesmuseum Darmstadt, Sammlungen

Abb. 12, 16, 17, 18, 20, 21, 22, 23, 25, 26, 27, 28, 29, 30, 32, 33, 35, 37, 38, 39,
40, 41, 42, 43, 46, 50, 51, 52, 53, 54, 55,
Hessisches Landesmuseum Darmstadt, Museumsarchiv

Abb. 44, 45, 47, 56, 57, 58, 59, 60, 61, 62
Hessisches Landesmuseum Darmstadt, aktuelle Fotoaufnahmen, Wolfgang
Fuhrmannek

Abb. 5, 7, 9, 19, 24, 31, 34, 36, 49,
Stadtarchiv Darmstadt